果実酒の逸材

FIELD & OUTDOOR

〝採って漬けて愛でで讃える〟のが果実酒づくりの楽しみ。里山や野原の逸材を熟成に託したいものです。

▲アンズ（P70）

▲コケモモ（P82）

▲カリン（P45）

▲クコ（P92）

▲ソメイヨシノ（P18）

▲ヤマグワ（P20）

▲イエギク（P78）

▲キンモクセイ（P42）

▲ウメ（P24）

▲タムシバ（P22）

▲モミジイチゴ（P26）

▲アケビ（P40）

▲スイカズラ（P28）

▲ハマナス（P32）

▲ビワ（P30）

▲ナナカマド（P38）

▲ハマゴウ（P34）

▲ヤマモモ（P44）

▲キウィフルーツ（P50）

▲オランダイチゴ（P48）

▲マタタビ（P36）

▲コーヒー（P56）

▲ハッカ（P60）

▲ブルーベリー（P54）

▲シソ（P62）

▲チョウセンゴミシ（P84）

▲パセリ（P58）

▲イカリソウ（P72）

▲オトギリソウ（P76）

▲パイナップル（P52）

▲クマザサ（P80）

▲マリーゴールド（P64）

▲オオズミ（P74）

▲ニンニク（P68）

▲ボケ（P90）

▲ハイネズ（P88）

▲ナツメ（P86）

▲キンカン（P98）

▲コダチアロエ（P96）

▲アシタバ（P94）

▲ドクダミ（P104）

▲サルトリイバラ（P102）

▲クチナシ（P100）

▲クロマツ（P110）

▲ウワミズザクラ（P108）

▲ヘビイチゴ（P106）

とっておき 手づくり果実酒

大和富美子
Yamato Fumiko

果実酒づくり自由自在～序に代えて～

最初に「果実酒」とは、どんな酒であるかを、ここで紹介しておきましょう。

果実酒とは、酒税法上の分類で「混成酒」と呼ばれ、20度以上のアルコール飲料に果実や薬草、香料などを加えて作った酒で、みりん、リキュールなどがこの仲間に入ります。

日本では酒造認可業者でなければ、酒を造ることは禁じられています。酒造業者の造る酒には3種類あって、「醸造酒」は清酒、ワイン（ブドウ酒）、ビールなど、「蒸留酒」はアルコール度の高いウイスキーやブランデーなどで、焼酎を含みます。もう一つが「混成酒」で、アルコール飲料にうまみをつけたものです。一般の人が作れるのは、この混成酒のみです。

＊

最もよく知られた果実酒の代表は「ウメ酒」ですが、民間ではホワイトリカー（35度のアルコール水）に青ウメと砂糖を加えて熟成させます。そのほかに、古くから民間で愛飲されているものに、アンズ酒、カリン酒、ボケ酒、薬酒としてチョウセンニンジン酒やマムシ酒、ドクダミ酒などが

あります。
すべて酒造の認可を受けた業者の造ったアルコール飲料の中に、果実や薬草、香料を漬けて熟成させる方法で作ったもので、これらを「果実酒」「薬酒」などと一般に呼んでいるわけです。
ただし、ブドウや果物を発酵させて造るワインの製造は、禁止されていますから、間違えないようにしてください。

＊

果実酒づくりは日本の伝統的な生活文化の一つであり、豊かな自然に恵まれて、四季折々に花を愛で、木の実を拾い、薬草を採って暮らした生活の知恵でもあるのです。

酒づくりの魅力は、この自然との対峙、四季を感得するやわらかな感性の中で育まれます。そして、憂さを晴らす酒ではなく、楽しみを味わう酒であると確信しています。

私の選んだ材料は、長年、野山に遊んで、これはと思った草や木の実をはじめ、庭木の果樹の花や葉、実、料理用に植えた香草、スーパーで買った果物、遠くの友人から送られた珍果、旅先で仕入れたもの、道端にある雑草を庭に移植してふやしたものなどさまざまです。

なかには、リキュールからヒントを得たもの、漢方薬として著名なもの、子どものころに聞いたもの、さらに全国各地で暮らしている方々に教

えられたものもあります。とりわけ、郷土食に関心を持ち、慣習や伝承を大切になさっている諸先輩からのありがたい助言や教えに心から感謝しております。

＊

果実酒は熟成するにつれ、透明さと美しい色と香りを放つようになります。そのうまみは銘酒に肩を並べるほどです。自慢の酒は友をつくり、人を集めて楽しみ、山野の自然へと目を開かせてくれます。はるかに眺めて思うのは、山や川や四季折々の自然の営みのすばらしさなのです。

大和　富美子

本書は『「遊び尽くし」とっておき果実酒薬酒』（１９９６年、小社刊）を改題、改装して復刊したものです

◆とっておき手づくり果実酒／目次

●目　次

5 逸材を熟成に託して 果実酒薬酒の作り方・楽しみ方のコツ

果実酒薬酒を楽しむ

●

イラストレーション――おさとみ麻美
編集協力――いわかみ麻織
岩谷　徹
スタッフ・カンパニー
取材協力――㈶国民休暇村協会
写真協力――大和富美子
角田良一
東京築地青果㈱
日本農業新聞
ワカバ企画
ほか

1

〝旬〟が待ち遠しくて

季節を漬け込む
お気に入り果実酒

●

漬け込んだばかりの熟成途上の果実酒

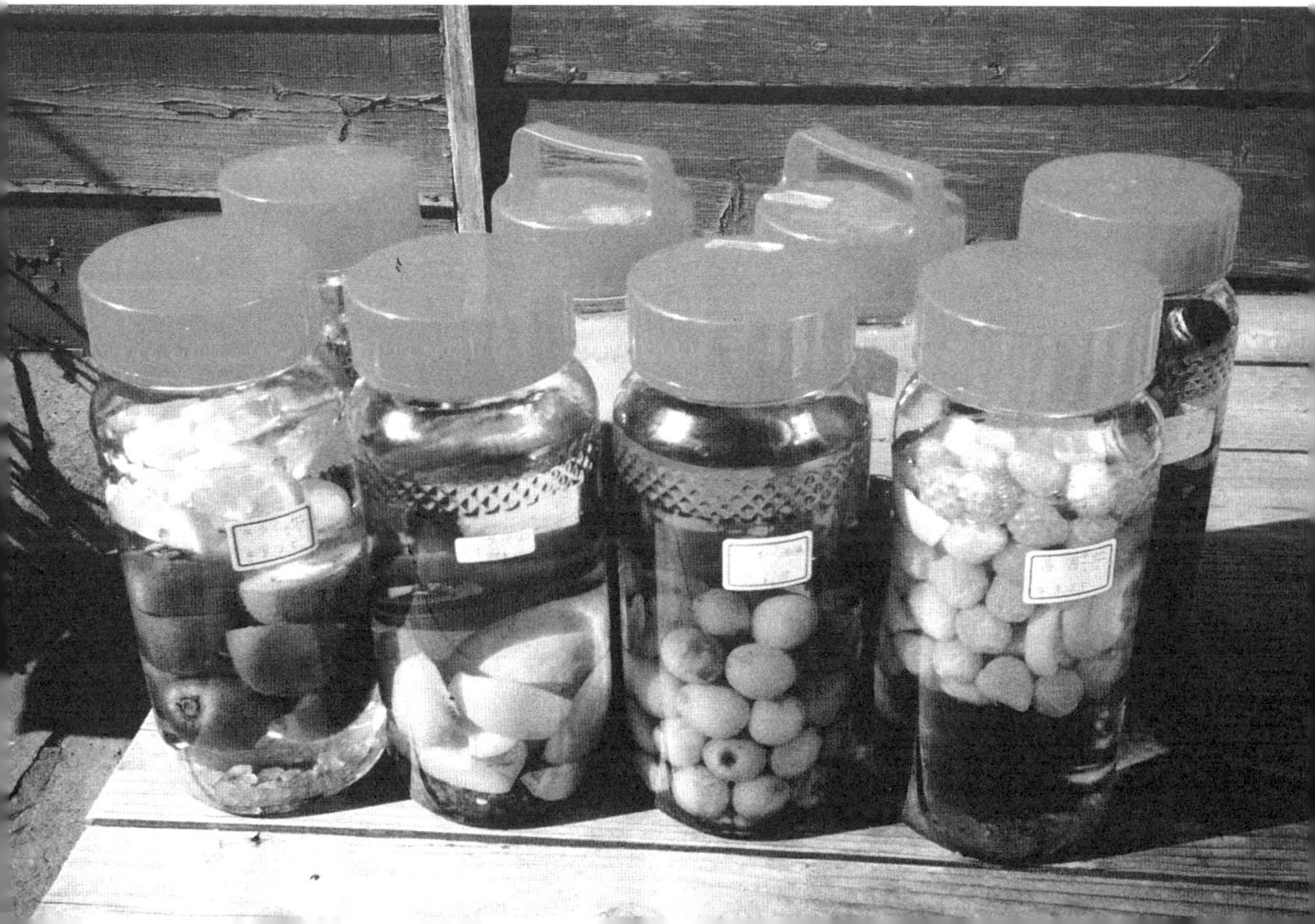

●花見の余韻を封じ込める サクラ酒

桜＝バラ科サクラ属／分布＝全国に自生または植栽／利用・採取＝ヤマザクラ、ソメイヨシノ、園芸種のサトザクラなどの果実（ふつうは不食）などを東京では5月下旬に採取。

●葉桜の樹の下で

日本の春は桜前線の上陸で南から北へとやってきます。そして誰もがサクラの花の下でお花見に興じ、春の来たことを確認します。

5月の連休が過ぎると、ひっそりと静けさの漂う季節に移り、春に咲いた花々が実を結び始めます。ウメ、スモモ、アンズ、ビワなどの果物ばかりでなく、山や野にも野生の木の実や草の実が、サクラ、ヤマグワ、ヘビイチゴ、グミと続いて、初夏を迎えます。

サクラの花のころを思い出しながら、すっかり葉桜になってしまった樹の下に立っていると、上からポツリポツリと8㎜大の黒紫色の実が落ちてきます。かわいいサクランボに違いありません。しかし、この実は渋くて苦みもあり、食べておいしいものではありません。が、これが果実酒に好適なのです。

サクラの種類は問いません。未熟果は赤色で、しだいに黒く熟してきます。赤と黒の実を半分ずつ交ぜて漬けるのが理想です。

作り方　材料は、ホワイトリカー1・8ℓに対して、果実300g、砂糖200g、レモン果汁100cc。3日もすると、見事なワインカラーになります。実は1か月で取り出します。熟成するのは6か月以降で、フタを開けるとサクラの香りが漂います。

使い方　お菓子や料理にも使えます。効用＝滋養強壮、咳止め、消炎、鎮痛など。

［サクラ酒］

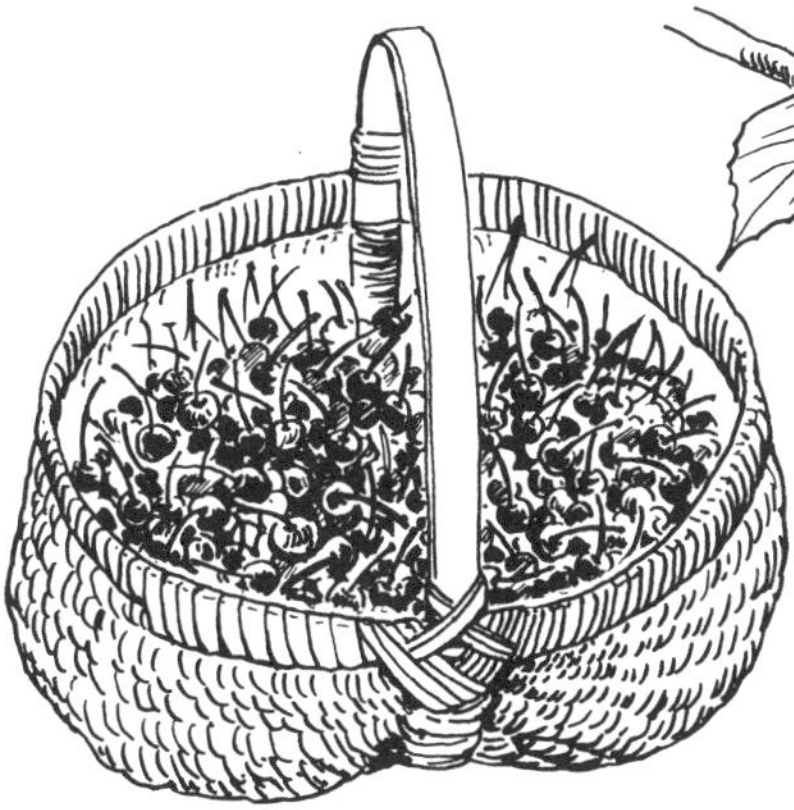

黒紫色の果実に、3分の1から半分ほど若もぎの赤い半熟果を加える

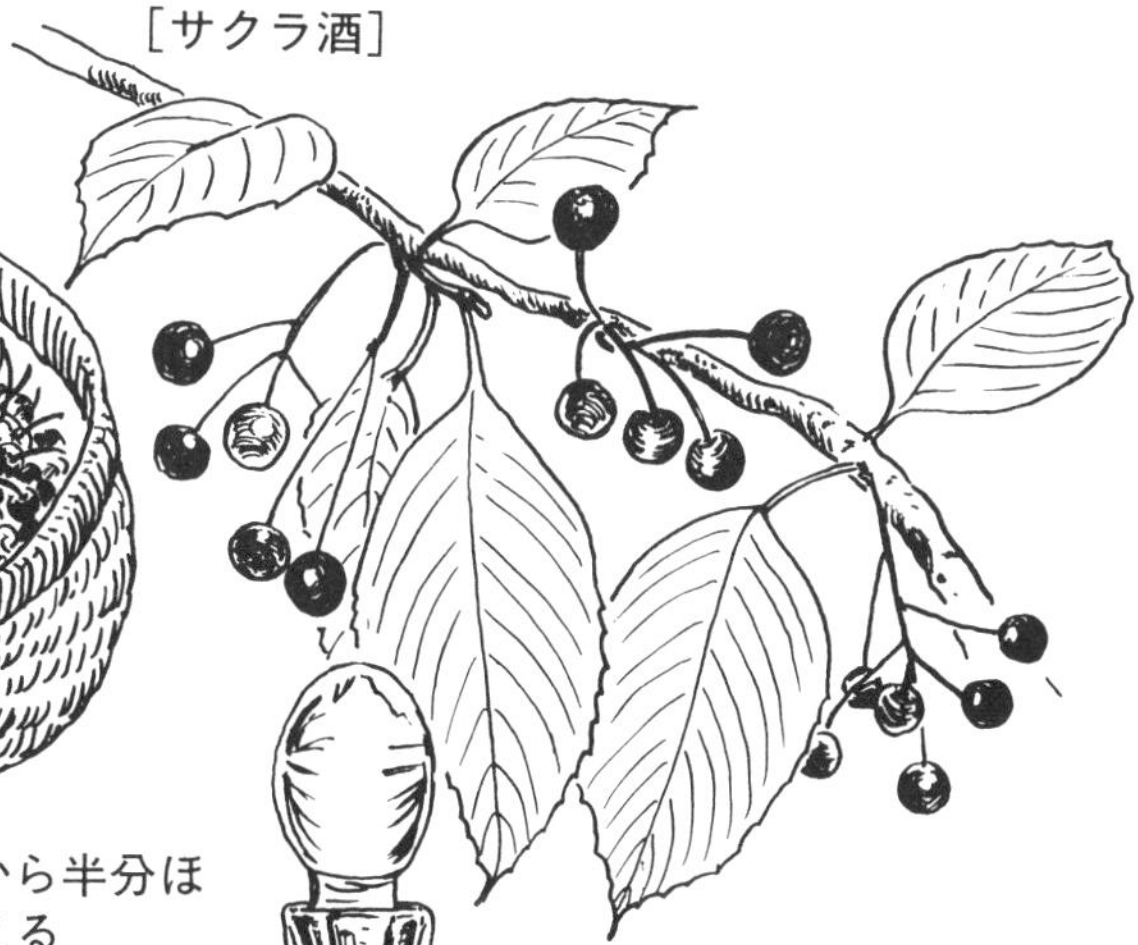

花後に結ぶ果実は球形。赤色から黒紫色に熟す

まろやかでおいしいサクラ酒。花見の余韻を楽しみたい

●ワインレッドの桑摘み娘　ヤマグワ酒

山桑＝クワ科クワ属／分布＝山地に自生。ほかに栽培種が全国に／利用・採取＝赤から黒紫色に熟した果実を5～7月に採取。

●たらちねの母の手わざ

「万葉集」には、次のような歌があります。

たらちねの　母のその業《わざ》　桑すらに
　願えば衣に　着るというものを

いまから三、四十年前までの日本の農村には、水田や畑のほかにクワ畑がありました。クワを植えてカイコを飼い、絹を織ることは、日本をはじめ東南アジアの女性たちの、数千年も続いた女の手わざだったのです。

東洋の絹がシルクロードを通って、遠くヨーロッパや中近東に運ばれたのは、カイコを育てるクワの木が東洋にのみ育つ樹木だったからなのです。

クワの木は、カイコを育てるばかりでなく、若葉は食用、果実はジャムや果実酒に用いられます。根、茎、葉はそれぞれ薬用として、大切なものです。

5月も10日を過ぎると、私の住む鎌倉の山道にも、ヤマグワの木に赤い実が目立ち始めます。この実が黒紫色に熟しきらないうちにヤマグワとりをします。

作り方　材料は、ホワイトリカー1・8ℓに対して、果実600g（赤と黒紫色の実を半分ずつ）、砂糖200g。これにレモン果汁100ccを加えます。中身は1か月で引き上げます。3か月で赤色の美しい酒に熟成し、6か月後には、まろやかな味が満喫できます。

使い方　洋菓子やカクテルにも。効用＝頭痛、不眠症、高血圧、糖尿病、滋養強壮。

ヤマグワ酒

赤から黒紫色までの実を採取

果実をジャムや果実酒に利用する

●蕾を漬け込む春の風雅 タムシバ花酒

噛柴＝モクレン科モクレン属／分布＝温帯の山地に自生。日本海側に多い／利用・採取＝蕾《つぼみ》を関東では4～5月に。近縁種の庭木のコブシ、シデコブシ、モクレンの花も代用可能。

●雪どけの山道の名花

福島県・会津の春は5月の半ばになって訪れます。裏磐梯高原から安達太良山《あだたらやま》へ向かう谷沿いの道には、ところどころに雪が残り、白いミズバショウの花が点々と続いていました。尾根筋の木々の緑は、まだ眠ったように淡く霞んでいますが、その中に白、白、白のかたまりが奥へ奥へと続いているのです。タムシバの花盛りです。

モクレンの仲間は、望春花とも呼ばれ、葉に先駆けて花を咲かせます。タムシバはカムシバ、サトウシバ、ニオイコブシなどと呼ばれて香水の原料になります。蕾だけでなく芳香のある小枝や10月に熟す果実も酒に漬けられます。蕾を採って、花酒を漬ける風習は、会津、山形県の米沢、飯豊《いいで》、朝日山地、新潟県上越地方の人々の楽しみだそうです。

東京では庭木のコブシのほうが有名ですが、早春の空高く見る白い花は見事なものです。

作り方　材料は、ホワイトリカー1・8ℓに対して、開花直前の蕾300g、砂糖200g。蕾は原則として洗いません。花びらを傷つけないように、ていねいに扱います。10日ほどで、中の蕾を全部取り出します。こうすることで香りを保ち、酒の酸化による濁りを防ぎ、透明な琥珀色が維持できます。

使い方　効用＝花は乾燥させて辛夷《しんい》という漢方薬に。鼻の疾患、蓄膿症、頭痛など。

[タムシバ花酒]
開花前のタムシバの花蕾
葉に先がけて花を咲かせる
香りを楽しむタムシバの花酒

●じっくりと待って飲みたいウメ酒

梅＝バラ科サクラ属／分布＝全国／利用・採取＝熟前果はウメ酒、熟果はウメ干し。黄熟する前の青ウメを5～6月に採取。

●まさに果実酒の代表

ウメは中国原産で、奈良時代に渡来しました。当時から暑気ばらいや疲労回復に効果がある健康飲料として愛飲され、全国的に多種類の実ウメが栽培されています。観賞用に栽培されている花ウメの実も利用できます。

毎年、6月の店頭には、青ウメと焼酎入りの瓶と氷砂糖のセットが並び、ウメ酒づくりシーズンの到来を実感させられます。

ウメ酒の熟成を待ちきれずに手を出したがる左党の方もおられますが、焼酎のにおいやウメの酸の残る酒はおいしくありません。

とくにウメ酒は熟成の遅い酒です。1年といわず3年は保存すると、立派なジャパニーズ・リキュールに仕上がります。果実酒はウメ酒に始まり、ウメ酒に終わるといわれるほど、奥の深いものなのです。

果実酒のできは果実の善し悪し、熟度、酸味、香りなどに深く関係し、その年の気候や生育状態に影響されることは、ワインと同様です。

漬けるウメの実に対しても、そこまで関心をはらえば、よい結果が期待できます。

作り方　材料は、ホワイトリカー1・8ℓに対し、青ウメは1kg。砂糖は300g。甘みを抑えてあっさりと仕上げます。半年で中身を取り出し、1年は熟成させます。

使い方　効用＝防腐効果、殺菌、食欲増進、健胃、整腸、疲労回復、咳止め、美容など。

中粒の果肉が厚い青ウメを利用

漬けたばかりのウメ酒

ウメ酒は世界に誇るリキュール。漬ける楽しみ、待って味わう喜びがある

●森の妖精の贈り物 モミジイチゴ酒

紅葉苺＝バラ科キイチゴ属／分布＝東日本の森林、原野に自生。庭木にもする／利用・採取＝果実（通称キイチゴ）を6月に採取。

●黄色いキイチゴ

キイチゴとはキイチゴ属の総称で、草本性の草イチゴに対して、木イチゴと呼ばれています。世界中に数多くの種類があり、日本では海辺のカジイチゴ、ホウロクイチゴ、道端のナワシロイチゴ、山地のモミジイチゴ、ニガイチゴ、エビガライチゴ、高地のバライチゴなど、30種ほどが自生しています。

モミジイチゴは林の縁のやや日陰を好み、長さ2mほどの長い枝を垂れて、葉がモミジ葉に似ているところからこの名があります。

4月ころ白い5弁の花を下向きにつけて、6月にミカン色のつやのある果実を枝に連ねている姿はまことに愛らしく、キイチゴの中では最も美味なものです。

野生のイチゴ類は、味の善し悪しを別にすればすべて食べられ、果実酒にもなります。

作り方　材料は、ホワイトリカー1・8ℓに対して、モミジイチゴはカップ3～4杯（約400g）、砂糖は200g、レモン果汁を加えます。

2週間で中身を取り出します。長くおくと酸化して、酒の色が褐色に濁るので注意してください。果実酒は透明で澄んだ黄赤色に仕上がり、3か月で熟成します。

使い方　茎葉は薬用、お茶、果実は生食、果汁、ジャム、酒など。洋菓子や料理にもします。効用＝止血、浄血、粘膜の強化、下痢止め、うがい薬、小児の造血、強壮など。

［モミジイチゴ酒］

熟した果実を摘み、
ゴミを取り除く

花後に結ぶ果実は、鮮やかな橙色

〝ストレートでよし、ブレンドでよし〟の
モミジイチゴ酒

●美女の甘〜い誘惑 スイカズラ酒

忍冬《にんどう》・金銀花＝スイカズラ科スイカズラ属／分布＝全国の平地〜低山帯の原野、山麓、谷間／利用・採取＝茎葉は乾燥して茶（忍冬茶）、花は5〜6月に摘んで花酒に。

●甘い花が酸っぱい酒に

5〜6月の陽気のよい日の散歩道で、ふと強烈な甘い香りを感じることがあります。これがスイカズラで、長いつるをまわりの草木に巻きつけて、白や黄色の筒形の花が2個ずつ並んで咲いています。よく見ると、唇形花で上弁が上を向いて、先が4つに裂け、下弁は1枚で下にまくれています。下弁からは、雄しべと雌しべが長く突き出しているのがわかります。まるで美女の手袋が踊っているような不思議な形に、つい引き込まれます。

スイカズラの名前は、花に蜜があり吸うと甘いので、吸い花からきているといわれます。英語でも、ジャパニーズ・ハニー・サックといいます。忍冬の名は、葉が冬も青々として寒さを忍んでいるところから来ています。また、花が初めは白く咲き、翌日には黄色になるので、金銀花の名もついています。

この花を漬けたスイカズラ酒は、薬酒中随一の酸味の強い酒になります。

作り方　材料は、ホワイトリカー1・8ℓに対して、スイカズラの花は300g。ガーゼに包んで入れると、取り出すときに簡単です。花は蕾から開花したものを交ぜて摘み、洗わないで漬けます。砂糖はやや多めで200g。中身は10日で取り出します。

使い方　効用＝抗菌作用、化膿症、毒消し、口内炎、腸炎、細菌性下痢、関節痛など。

スイカズラ酒

平地や低山帯に自生

甘い香りを放つスイカズラの花

●枇杷色のふくいくたる香り ビワ酒

枇杷＝バラ科ビワ属／分布＝関東以西の暖地に自生。栽培種の主産地は千葉、高知、長崎／利用・採取＝果実のうち、野生種に近いものを7月に選んで採取。

●わが家のビワは猫並みの繁殖力

わが家の庭の隅に昔からビワの木があり、2cm大の丸い実をつけてくれます。甘くて香りがよいのですが、種子ばかり大きくて、食べたあとのゴミにはうんざりします。

ある年、2匹いる飼い猫がこの木に登ってはツメをとぐので、とうとう枯らしてしまいました。しかし、「ひこばえ」がたちまち取って代わり、3年のうちには元の姿に戻り、また実をつけるようになりました。その繁殖力は猫並み!?だなあと妙に感心したものです。

いまこの木は3代目で、いまだ実をつけずに育っています。

ビワは庭植えにしない木だといわれています。梅雨のころ、ビワの実が落ちていっせいに発芽し、木の下が湿地と化して、すべりそうになったときなどは、やはり無精者には向かない木なのかなとも思うのです。

鎌倉は暖地のせいか、野生種が多く、線路わきの土手や道端でもよく見かけます。

私は駅長さんに頼んで、採らしていただくこともしばしばあります。

作り方　材料は、ホワイトリカー1・8ℓに対し、果実1kg、砂糖200g。中身は2か月後に取り出し、種子だけを漬け戻します。6か月で熟成します。

使い方　乾燥葉は茶、風呂に入れて皮膚病に。効用＝酒は健胃強壮、咳止めなど。

すばらしい香りが魅力

ビワ酒

熟果は芳醇な甘みをそなえ、みずみずしい

●北の海を華麗に彩るハマナス酒

浜梨＝バラ科バラ属／分布＝北海道の沿海部、本州は茨城県以北の太平洋側、島根県以北の日本海側の砂浜に自生。庭木、公園樹として植栽／利用・採取＝果実を8～10月に採取。

●砂浜の貴婦人

夏の北海道の海辺を旅した人なら、必ず出合って感激し、ハマナスの歌などを口ずさむ方もあると思います。先ごろ皇太子妃雅子さまのおしるしの紋となった、北国の名花です。

ハマナスは砂浜に群落する落葉低木で、6～8月にかけて7～8cmもあるローズピンクの大形の5弁花を開き、芳香があります。花は8～10月にかけて、2・5cm大の朱赤色のホオズキのような果実をつけて、食べると甘酸っぱい味が口中に広がります。

花はローズ油として香料になり、果実は薬酒に、茎や根は昔から染料として使われ、秋田八丈という布はこれで染めたものです。

最近は公園やハーブ園でもよく見かけるようになりました。福島県や長野県の内陸部でも見かけるのは、やや寒冷な気候を好み、海辺の荒れ地にも耐える植物だからでしょうか。

この果実をいつも北海道まで採取に行くわけにもいきません。ハーブ園などで分けていただくことをおすすめします。

作り方　材料は、ホワイトリカー1・8ℓに対し、果実は500g（20～25個）。砂糖はやや甘めに200g加えます。中身は6か月で熟成したときに取り出しておきます。

使い方　酒は実の色をした少しもったりした女性向きの酒で、疲労回復、滋養強壮に。効用＝民間で下痢止めや月経過多など。

［ハマナス酒］

いくぶん甘口なので女性にも好評

6～8月、ローズピンクの
5弁花を開く

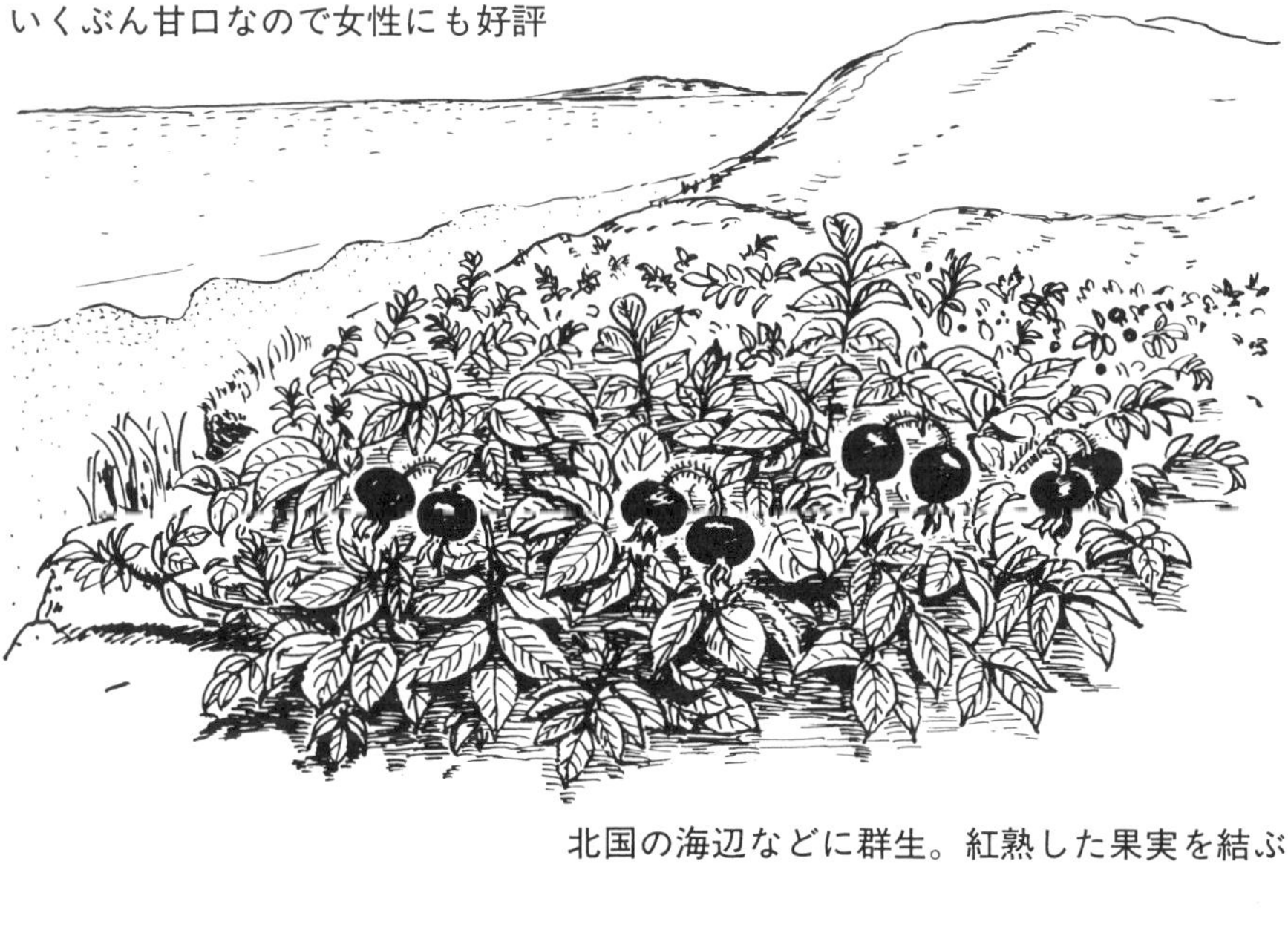

北国の海辺などに群生。紅熟した果実を結ぶ

●荒々しい芳香と渋み　ハマゴウ酒

浜香＝クマツヅラ科ハマゴウ属／分布＝本州、四国、九州の海岸の砂地／利用・採取＝花と葉は7～8月、果実は8～10月に採取。

●沖行く船にまで届く芳香

北国の浜辺にハマナスの花が群れ咲くころ、黒潮に洗われる南国の浜辺には、長い茎を伸ばしたハマゴウが花を咲かせています。

北のハマナス、南のハマゴウと対にして呼ばれる海浜植物の代表で、その強固な根茎の群落が流砂を防ぎ、海浜を守っているのです。

カッと照りつける真夏の白砂の上に、おおいかぶさるように数メートルも枝を伸ばして群生します。

小枝を上向きに立てて、その先に青紫色の唇形花を穂状につけて、幾何学的な美しさを見せてくれます。やがて下方から褐色の実を結んでいきます。

この植物の特徴はなんといってもその強烈な芳香で、花、葉、果実ともに薬香があります。風の吹く日には、沖を行く船人にも届くといわれるほどです。

作り方　材料は、ホワイトリカー1・8ℓに対して、果実400g、砂糖100g。花と葉を使うときは、よく洗って塩分を落とし、2～3日乾燥させて、300gを漬けます。

そのほか、薬店にある乾燥果（生薬名は蔓荊子《まんけいし》）なら150gを使用します。中身は花と葉なら10日で、果実は3か月で取り出します。

黄褐色の酒が6か月で熟成し、強烈な薬香と渋みのきいたうまい酒になります。

使い方　効用＝頭痛、胃痛、関節痛などの鎮痛、風邪の解熱、消炎薬、眼病。

［ハマゴウ酒］

5〜7 mm の球形の
果実を結ぶ

薬香と渋み、苦みが
セールスポイント

暖地の海辺に群生するハマゴウ。
全草に特有の香りがある

●旅先で季節を求める　マタタビ酒

木天蓼《もくてんりょう》＝マタタビ科マタタビ属／分布＝全国の山地に自生／利用・採取＝果実または虫えい果を8〜9月に。乾燥品（木天蓼）は漢薬店で。

●猫を酔わせるにおい

マタタビという名は、旅の山道でこの実を食すとまた旅ができるという意味でしょうか。

マタタビは猫の好物として有名ですが、食物としてではなく、においに陶酔して騒ぐようです。人間はこの果実の塩漬けを珍味として食べてきましたが、酔うことはありません。

マタタビ酒にするには、果実がマタタビタマバエによって変形し、コブ状になった虫えい果を使用しますが、長年の経験でこのほうが薬効著しいのでしょう。

7月の初めのころに山歩きをすれば、深山の渓流沿いの日当たりのよい場所で、青葉の中に点々と葉を白変させたマタタビを見ることができ、存在を確認することはあります。しかし、8月の終わりころ、この実を拾うことは容易ではありません。

私は旅先で生果を見かけると、必ず買って帰り、お酒にします。翌年はその店に予約して送ってもらっています。マタタビ酒づくりは、そうした入手ルートの開拓が必要です。

作り方　材料は、ホワイトリカー１・８ℓに対して、虫えい果５００ｇ（乾燥木天蓼は２５０ｇ）、砂糖１００ｇ。中身は取り出さず、漬けたままにしておきます。６か月で熟成しますが、1年おくと飲みやすくなります。

使い方　効用＝強壮強精、体を温め血行の促進、通風、リウマチ、神経痛など。

［マタタビ酒］

いくぶん先の
とがった生果

果実を洗い、ていね
いに水けをふき取る

コブ状の
虫えい果

苦みと特有の香りがあるが、
年数がたつほどまろやかにな
るマタタビ酒

●燃えさかる深紅の結実　ナナカマド酒

七竈＝バラ科ナナカマド属／分布＝全国の山地、丘陵の林内、庭木、街路樹／利用・採取＝果実を9～11月に採取。

●燃えるような見事な紅葉

ナナカマドは七度、かまどの中に入れても燃えない木という意味だそうですが、試みたことはありません。秋に燃えるような見事な紅葉を見せ、深紅の果実をつける様子はまるで、かまどの中の火を見るようですが、こちらの意味にもとれます。

私は南国育ちで、ナナカマドは高い山でしか見たことがありませんでした。ところが、数年前に訪れた岩手県の遠野市で、駅前から続く真紅の実をつけた街路樹の並木に感激したことがあります。北国の都市では、ごく普通の街路樹のようですが、旅人の目にはまことに華やいだ新鮮さで、旅情を誘います。

この実は深紅に熟しても、意外と長く木にとどまっていて、雪をかぶった姿はまた美しく、果実酒にして黄味の強い茜《あかね》色の澄んだ酒を楽しむ雪国の夜はさぞかしと思われます。

ナナカマドは、寒冷地を好む木で、北国へ行くほど街路樹として美しい姿を見せてくれます。高山性のものにウラジロナナカマド、タカネナナカマド、サビハナナカマドなどがあり、いずれも果実酒にすることができます。

作り方　材料は、ホワイトリカー1・8ℓに対して、果実400g、砂糖200gを加えます。6か月で赤橙色に熟成しますが、中身は取り出さず、1年は漬けおきます。

使い方　効用＝体を温め血を補う。滋養強壮、疲労・病後の回復、美容。

［ナナカマド酒］

深紅の果実をさっと洗って、水けをよく切る

花後、7 mm の球形の果実を結ぶ

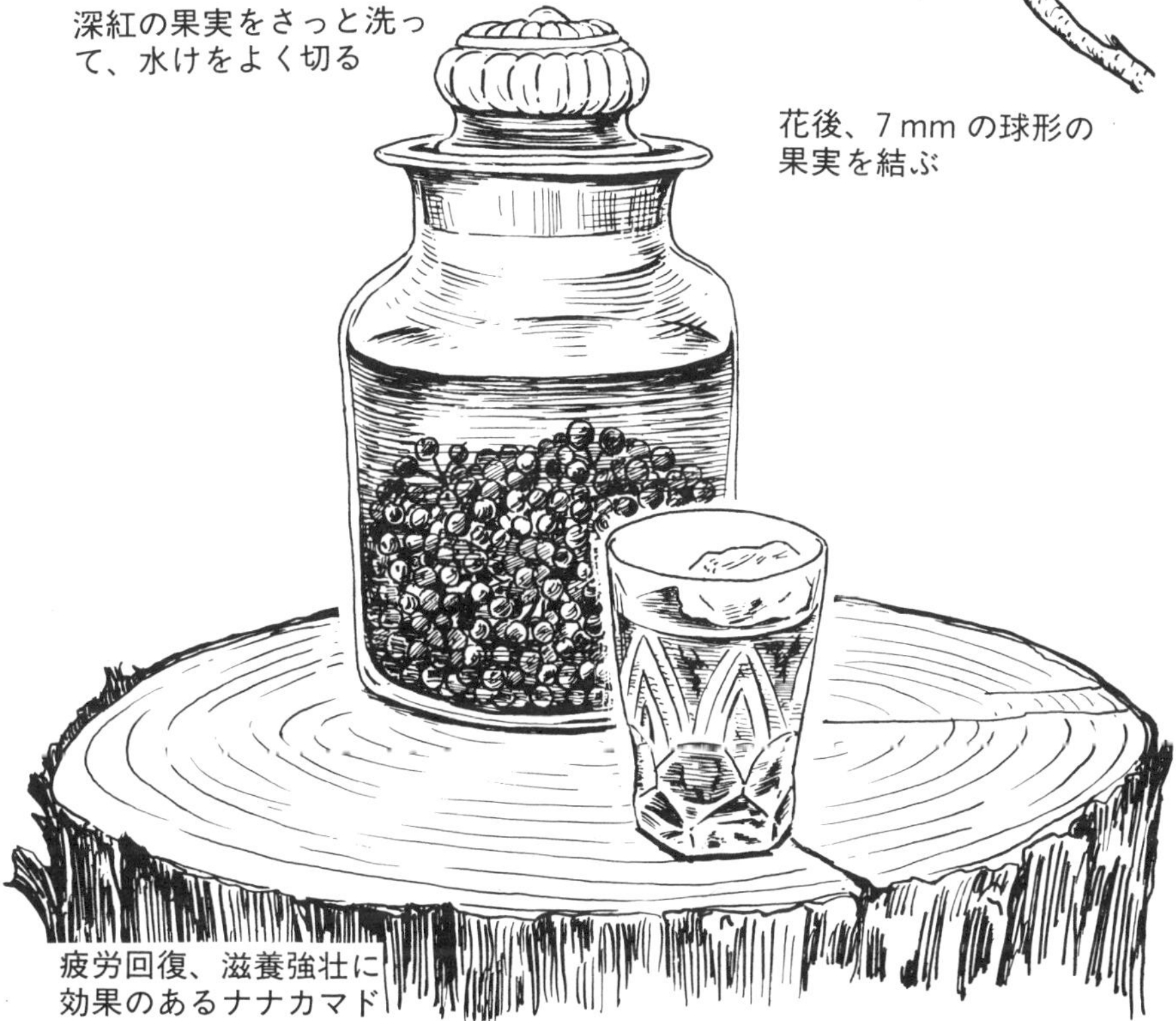

疲労回復、滋養強壮に効果のあるナナカマド酒。応用範囲が広い

●果肉も果皮もおいしい！アケビ酒

木通＝アケビ科アケビ属／分布＝全国の山野／利用・採取＝果実を9月に採取。

●秋を代表する野生の味

秋の山道の散策の楽しみの一つに、アケビの実を見つけることがあります。ふと見上げた木の上に、紫色の丸い実を見つけると、得した気分になれます。この実が熟すと縦に裂け、中のゼリー状の甘い果肉を生食します。

酒に漬けるには、果肉による酒の濁りを防ぐために、なるべく口の開いていないものを用います。これに生食後に残った果皮を足して漬けるとよいでしょう。

お椀状になった皮を使った料理も楽しめます。皮の中にキノコやひき肉、ネギなどを刻んでみそ味にして詰め、フライパンで炒めて、蒸し焼きにします。ほんのりと苦みのある山菜料理ができ上がります。

アケビには、葉が5枚の掌状複葉のものと、やや北方系のミツバアケビ（葉が3枚の複葉）があります。関東以西では、常緑で果実が縦裂しない近縁種のムベが庭木にされています。

アケビのつるの木質部を乾燥したものは、生薬名を木通《もくつう》といいます。果実が採れなかったときは、冬にこのつるの太い部分を1mばかり切って、日干ししてから酒に漬けます。

作り方　ホワイトリカー1・8ℓに対して、果実と果実皮1kg。砂糖は100g。中身を3か月漬けおき、6か月の熟成後に取り出します。苦みのある琥珀色の酒になります。

使い方　新芽は山菜として食用、果実は生食、果皮は料理に。効用＝消炎性の利尿薬で、腎臓、尿道、膀胱炎のむくみ取り。

［アケビ酒］

とろりと甘い果肉を生食する

低地に五葉のアケビ

山地に三葉の
ミツバアケビ

木部と小果を漬けたアケビ酒。いくぶん苦いが、消炎性利尿薬として効がある

○芳醇な金茶の快心作 キンモクセイ酒

金木犀＝モクセイ科モクセイ属／分布＝全国に庭木、公園樹として植栽／利用・採取＝開花直後の花を10月に採取。

●属名は「におう花」

10月、街を歩いていると、どこからかキンモクセイの花の香りが漂ってきます。これほどはっきりと季節を伝えるにおいがあるでしょうか。1か所からにおってくるかと思うと、あちらこちらからにおいが伝わってきて、街全体がこのにおいに包まれてしまいます。

いやこれは鎌倉だからかもしれません。キンモクセイは空気が汚染されると、花もつけずにおわないといわれています。いつまでも空気のきれいな所でありたいものです。

果実酒に漬ける材料選びの一つの大きなポイントは、芳香があることです。花はとくにその香りを持ち味としなければなりません。キンモクセイ、スイカズラ、クズの花、サクラ、キクなどは、酒の中のほのかな花の香りを楽しむもので、薬効というよりも精神の安定剤としての役目が大きいと思います。

キンモクセイをお酒にしたら、どんなにかよいにおいに酔えることだろうと思って漬けますが、思ったほどにおいは残らず、その代わりに金茶のような琥珀色に冴えた美酒ができ上がります。

作り方　材料は、ホワイトリカー1・8ℓに対して、花はカップ4～5杯（150g）、砂糖は100g。花は洗わずにガーゼの袋に入れて漬け、10日で取り出してしまいます。

使い方　料理や菓子づくりに。効用＝精神安定、鎮静、滋養強壮。

［キンモクセイの花酒］

キンモクセイは、咲きたての花を摘んで漬ける

開花期のすばらしい芳香が、多くの人々を魅了する

華やかなキンモクセイの花酒。眺めても飲んでも心がウキウキする

●暖地育ちの甘酸っぱさ ヤマモモ酒

山桃＝ヤマモモ科ヤマモモ属／分布＝関東南部以西、福井県以西の温暖な海岸、山地に自生。公園樹、街路樹、果樹栽培に植栽／利用・採取＝果実を7月に採取。

●南の国の輝き

ヤマモモは漢名で「楊梅」とも書き、「枕草子」や「出雲風土記」にも記されている古くからの薬用または染料植物でもあります。

高さが20mにもなる常緑高木で、遠くからでも目立つ美しい照葉樹です。やや濃緑の葉を球形にうっそうと茂らせている様は、英名Bayberry（ベイベリー）の名もお似合いです。

樹勢が強く生長も早いので、この樹皮は茶系統の染色に用いられてきました。とくに「渋木」とも呼ばれて、タンニン質が多いので、漁網を染めることが多かったそうです。

このヤマモモが7月ころ、暗紫色の果実をつけるのをご存知の方もいられると思いますが、雌雄異株ですからそんなにたくさんは見られません。公園樹の中でもイチョウと同じく10本に1本くらいが、実をつけています。

直径1～2㎝ぐらいの球果が黄色から赤、赤紫色に熟すと、独特の芳香と甘酸っぱい南国の海の味が口いっぱいに広がります。

私の故郷高知県では、果樹として大粒の改良種が店頭に出ますが、残念ながら輸送は無理です。関東では庭木などを利用します。

作り方　材料は、ホワイトリカー1・8ℓに対して、ヤマモモ600g、砂糖200g。中身は1か月で取り出し6か月で熟成します。

使い方　染料、薬用。効用＝毛細血管の強化作用、脳卒中の予防、下痢止め、利尿など。

●飲んでよし 咳止めによし カリン酒

花梨＝バラ科ボケ属／分布＝東北、甲信越地方で植栽／利用・採取＝果実を9〜11月に。

●咳止めの妙薬の味わい

私の住む鎌倉周辺では、カリンの木を見ることは少なく、知っているのは、山梨県塩山《えんざん》の恵林寺の庭、長野県上田の知人宅、鎌倉市東部の名越道《なごえみち》のさる家の庭くらいです。

一度そのピンク色の花を見たいと、4月ごろは気をつけているのですが……。しかし、秋の大形の黄色い果実をぶら下げた壮観は、誰の目にもアッと驚くほど目立つのです。

昨年の初冬には果実店やスーパーにたくさん出回り、カリン酒のおいしさが知られてきました。春のウメ酒と同様、秋のカリン酒を漬けられることをおすすめします。カリンによく似たマルメロも同様に漬けられます。

カリンの実はかたくて生食することができません。薬効があり、スライスして乾燥し、煎薬にすることもできますが、果実酒にしたほうがおいしくて長い間楽しめます。咳のひどいときに、カリン酒をグラス1杯飲むと、ぴたりと咳が止まってしまうほどです。

のどに引き込まれて、体に染みわたるようなおいしさで、心穏やかな気分になれます。

作り方 材料は、ホワイトリカー1・8ℓに対して、果実1kg（約2個）、砂糖200g。果実は洗って乾燥し、1cm幅にスライスして漬けます。中身をそのままにしておけば、1年で熟成します。さらにおくと、甘酸を兼ね備えた最高にうまい美酒に仕上がります。

使い方 効用＝乾燥して薬用。咳止め、滋養強壮、美容など。

◆コラム＝私の植物誌①
魅せられた東北の野草

私が植物に興味を持ち始めたのは、そう古い話ではありません。昔から山歩きやハイキングはしてきましたが、体力に任せてただ歩き回ったり、日々の暮らしのストレス解消法にしたりしていたように思います。

旅は私たちに風土の違いを教えてくれる大事な機会です。南国育ちの私が初めて冬の東北地方に旅したときの思い出は、忘れられません。車窓から見る風景の中に緑の木や草がまったく見えず、果てしなく続く灰色の山や原野を眺めたとき、そしてその風景が半年も続くと教えられたときは、カルチャーショックにも似た感じを受けたものでした。

また、こんなこともありました。暦の上ではもう初夏を感じる6月の初め、東北では山の雪のはだれの中でフキやミズ、タケノコなどの山菜摘みに楽しげに歩き回っています。

1年の半分を雪に閉ざされて暮らす人々は青い草木や黒い大地をこよなく懐かしんだに違いなく、その植物もまた、日の光を強く憧れたことだろうと気づいたのです。

雪国の人たちが、その必要からであったにせよ、山野草を大切な食材と考えていることは、小さな街々の朝市の棚にフキやコゴミ、ウド、カタクリが並べられ、野菜市場のようなにぎわいを見せているのでもわかります。その野草の味が南国のそれとはまったく違う深いうまみを備えているのは、雪の中での長い忍耐のせいであると気づかされたのです。

東北に足を運ぶたびに、雪に隠された重々しい文化の跡や、萌え出ずる草木のたくましさと見事さに感動を禁じえません。山の緑はどこにもありますが、魅せられた東北の野草の陰には、いまだ知られていない古代史のにおいがしてきます。

2

思い立ったときに

1年中楽しめるオリジナル果実酒

●

熟成した果実酒を濾過して別瓶に移す

キッチンに飾る小粋な赤 オランダイチゴ酒

苺（オランダイチゴ）＝バラ科オランダイチゴ属／分布＝全国で露地栽培、ハウス栽培／利用・採取＝果実を通年採取。

●香りと味がすばらしい

この章では、スーパーなどで通年手に入るものやベランダ栽培して料理にも利用する野菜やハーブ、薬味などを選びました。

これらを酒に漬けておくと、優れた調味料や香りづけになり、料理の腕を一段とあげることができます。ぜひキッチンの棚にもカラフルな酒をそろえてほしいものです。

イチゴは、近年ハウス栽培が盛んになって、年中出回るようになっています。色も姿も美しく、とくにビタミンCやカロチンが多く、栄養の面でも優れています。

果実酒にすると、赤色の澄んだ酒になり、なによりもふくいくたる香りと、濃縮された味がすばらしく、作っておいてよかったと思えるようになります。熟成の早いのも魅力で、3か月で利用できるようになります。

イチゴは小粒で色が赤く、食べてみて甘みと酸味の強いものを選びます。家庭栽培の完熟イチゴを使えば、最高の美酒になります。

作り方　材料は、ホワイトリカー1・8ℓに対して、イチゴ600g、砂糖200g。イチゴのヘタは洗ってから取ります。水けをふいて瓶に入れ、砂糖を加え、上からホワイトリカーをかけます。イチゴは脱色した時点、15日くらいで取り出してしまいます。

使い方　食前酒、菓子づくり、果汁や炭酸、ミルク割り飲料などに。効用＝滋養強壮、疲労回復、補血、健胃整腸、美容など。

［オランダイチゴ酒］

なるべく小粒で完熟直前の
イチゴを選ぶ

窓辺やベランダを飾る
オランダイチゴ

食前酒としてストレートで楽しむ。菓子や
カクテルにも生かすことができる

●エメラルドの淡い結晶 キウィフルーツ酒

キウィフルーツ＝マタタビ科マタタビ属／分布＝暖地で栽培／利用・採取＝果実を通年。

●飛べない鳥の名を持つ果物

キウィフルーツはニュージーランドにすむ飛べない鳥のキウィに姿が似ていることから、その名がつけられました。

もともとは中国原産のシナサルナシを、ニュージーランドで果樹として改良したつる性植物です。現在では、輸入もののほか、国内産も多く出回るようになり、年中入手できるようになっています。

キウィフルーツは芳香と酸味がすばらしく、果肉が濃緑色で、とくにビタミンCが多く含まれています。また、ペクチンに富んでいることからジャムにするには最適です。

家庭園芸では、木の上で熟させることができます。初めはかたくて酸味だけですが、熟すにつれてやわらかく、甘くなります。生果としての食べごろが、果実酒にする時期でもあります。

日本にはキウィフルーツを小形にしたような野生のつる性植物であるサルナシが自生していて生食されていますが、地域によっては酒に漬けることもあります。

作り方　材料は、ホワイトリカー1・8ℓに対して、果実1kg（5～6個）、レモン少々、砂糖100g。果実は皮のまま洗って乾かし、横に半分に切って漬けます。約3か月で淡緑色に熟成したら、中身を取り出します。

使い方　タンパク質分解酵素を含み、肉をやわらかくするので料理酒に向きます。効用＝ビタミンC効果、美容、貧血、安眠など。

キウィフルーツ酒

独特の香気と甘みのある完熟果実

近年、国内で庭先果樹として普及

料理酒としても効果抜群 パイナップル酒

パイナップル＝パイナップル科／分布＝台湾、フィリピン、ハワイなど。国内では沖縄、鹿児島で栽培／利用・採取＝果実を通年。

●三位一体の妙味

パイナップルは芳香と甘み、酸味の調和のとれた理想的な果物といえます。糖分のほか、クエン酸、リンゴ酸を含み、ビタミンB_1がとくに豊富です。

タンパク質分解酵素を含んでいて、肉類の消化を助けるので、肉料理のつけ合わせや肉の煮込み料理に使います。

果実酒にしておけば、肉料理のとき、大変便利に利用できます。食前酒としてもよいわけです。

パイナップルはそのままおけば、だんだん熟してきて、皮の色が緑色から黄色に変わり、芳香と甘みが強くなります。

ジャムやジュースにするには、熟してからのほうがおいしくなるのですが、果実酒を作る場合には、まだ青みが残る新鮮なものを使います。

作り方　材料は、ホワイトリカー1・8ℓに対して、パイナップル1kg（1個弱）、砂糖100g。パイナップルはこすり洗いしてから、頭と尻部を切り落とし、皮のまま中心の芯もそのままで縦に四つ割にします。さらに、5～6等分してから、1kg分を漬けます。中身は3か月で美しい淡黄色に熟成したときに取り出してしまいます。非常にすっきりとした芳醇なトロピカルな味を持つ酒です。

使い方　肉料理の下味つけ、シチューなど。効用＝健胃整腸、食欲増進、利尿、美容。

［パイナップル酒］

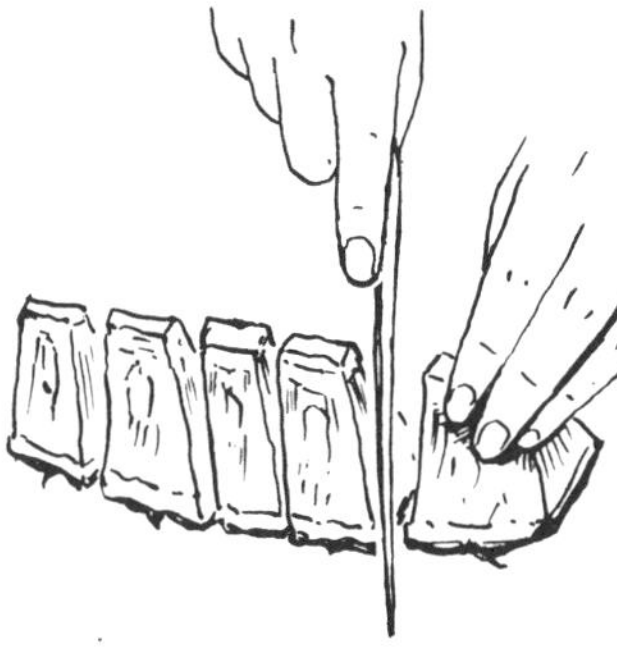

皮つきのまま縦に四つ割りにし、さらに5～6等分に

いくぶん青みの残る新鮮なパイナップルを求める

パイナップル酒は、淡黄色で香りがよい。肉料理の下味つけなどにも重宝する

○澄んだ赤紫色の魅力 ブルーベリー酒

ブルーベリー＝ツツジ科スノキ属／分布＝全国。庭木としても植栽／利用・採取＝熟した果実を7～8月に採取。冷凍も可。

●目と舌で味わう紫色の酒

ブルーベリーは北米東北部の原産で、日本には明治初期に渡来して栽培され、現在は数多くの品種が、リンゴ園やミカン畑の代替果樹として、盛んに栽培されています。

日本には野生種のスノキ属の仲間があり、スノキ、クロウスゴ、クロマメノキ（アサマブドウ）は紫色に熟した実が食用になります。ウスノキやアカモノ、コケモモなどは赤く熟した実が食べられます。これらの実でジャムや砂糖漬けなどを作ります。

いまはブルーベリーの栽培が盛んで、生果は7～8月ころに全国的に出回るようになりました。酸味と甘みが強く、芳香があり、さらに果汁の色が美しく、ジュースやジャム、ケーキの飾りなどにし、生食もします。

庭木として植えておけば、1～2mの低木で、5～6月ころに白い壺形の花をつけます。7～8月ころ、直径10㎜ほどの実がブルーに熟すので、順に漬け足してもよいでしょう。また、市販の冷凍品を使う方法もあります。

作り方 材料は、ホワイトリカー1・8ℓに対して、果実400g、砂糖200g。水洗いして乾かした果実と砂糖に、ホワイトリカーを注ぎ入れます。約6か月で赤紫色の女性好みの酒に熟成し、中身はそのとき取り出します。

使い方 ジャム、ジュース、ケーキに。効用＝滋養強壮、疲労回復、健胃整腸、美容。

ブルーベリー酒

白粉をおびた球形の小果実

ブルーベリーは落葉性の低木。庭先果樹として広く普及

●ちょいと気どったコクと香り コーヒー酒

珈琲の木＝アカネ科コーヒーノキ属／分布＝世界中の熱帯高地で栽培。日本では栽培できない／利用・採取＝焙煎したコーヒー豆。

●食後に香り高いコーヒー酒

リキュールの中でコーヒーの香りを浸出させた酒として有名なのが、デンマークのピーター・ヒーリング社製の「カルーア」です。それを気どるわけではありませんが、食後にはぜひコーヒー酒をどうぞ。私はミルクで割りますが、半々がちょうどよい味です。ほかのカクテルもくふうしてみてください。

豆はちょいと奮発して、ブルーマウンテンを２００g用意すれば最高です。

豆は焙煎直後のものを専門店で買い求めます。種類は好みでよいのですが、渋みの強いものより、酸味のあるほうがまろやかに仕上がります。香りを引き立てるのなら、使う量は控えめに、早く取り出してしまいます。

作り方 材料は、ホワイトリカー１・８ℓに対して、できるだけ焙煎直後のコーヒー豆を２００g、砂糖50g。コーヒー豆を瓶に入れ、砂糖を加え、上からホワイトリカーを注ぎます。豆はすぐに浸出を始め、２～３日でコーヒーブラウン色になります。少なくとも10日で中身は取り出します。

香りと透明感のある色を保つために小口瓶に移して密閉し、冷暗所に3か月は保存して熟成させます。

飲むとき甘みが足りないときは、好みで砂糖を加えます。

使い方 効用＝血行促進、覚醒、精神安定、鎮静、美容。

［コーヒー酒］

コーヒーは、熱帯高地で栽培

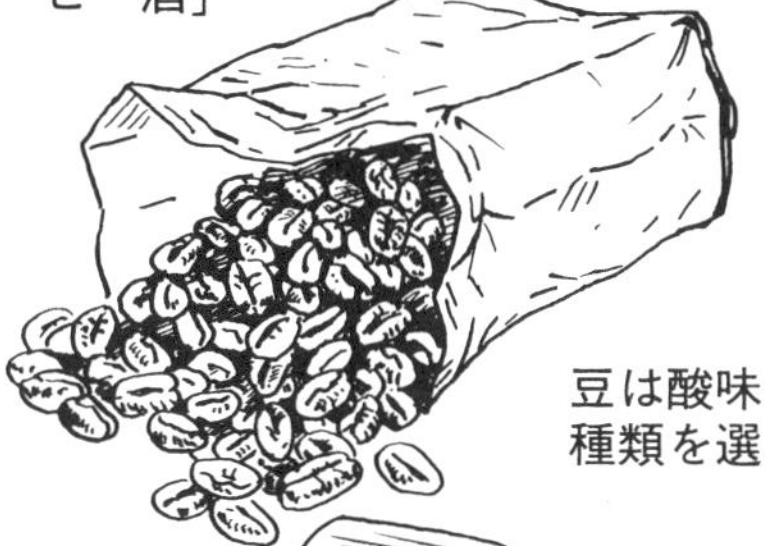

豆は酸味の強い
種類を選ぶ

美しいコーヒーブラウンに結晶。
コーヒーの香りを楽しみたい

●二日酔いに効きます　パセリ酒

パセリ＝セリ科／分布＝アメリカ、イギリス、オーストラリア、ニュージーランド、日本では主に葉の縮れたカーリーリーフ種が、またドイツでは葉の縮れないフラットリーフ種（プレーンパセリ）を栽培／利用・採取＝全草を通年。

●栄養豊かなハーブ

ヨーロッパ東南部原産のセリ科の多年草で、古代ギリシャ時代から香味料としてきた歴史の古いハーブです。日本でも西洋料理には欠かせない調味料ですが、西洋と比べて歴史が浅く、その利用法と理解はいまだのようです。

パセリは魚介類、肉類、野菜料理に利用され、細かく刻んで料理の最初から加え、最後にまた振りかけるのが一般的です。ほかに枝ごとフライにしたり、スープにしたりします。

食品成分表でパセリの項目を見ると、カルシウム、鉄分、カロチン、ビタミンA・B_1・B_2・C・Eなどが大変多いことがわかります。鉄分やカルシウム、カロチンは貧血を防ぎ、肝機能を高めます。

パセリを料理によく利用してきた古い伝統が、栄養学の面でも実証されたといえます。

パセリは栽培が容易な2年草で、鉢植えなどを出窓におけば、簡単に育てられます。

作り方　材料は、ホワイトリカー1・8ℓに対して、パセリの全草200g、砂糖50g。レモン果汁100ccを加えます。中身は10日で取り出し、3か月熟成させます。

使い方　料理用、香草。効用＝肝臓、腎臓の薬（伝承）、貧血、利尿、健胃、二日酔い、口臭消し、ビタミンC効果。

［パセリ酒］

よく洗って、
水けを切っておく
パセリは、栄養たっぷりの
小さな森なのです
アルコールに浸してもビタミンCがこわれな
いのが、パセリ酒のセールスポイント

爽快な飲み心地 ハッカ酒

薄荷＝シソ科ハッカ属／分布＝全国のやや湿った原野、平地、山麓に自生。薬用・食品香料として栽培／利用・採取＝8～10月の花期に全草を採取。

●さわやかな自然の清涼剤

ハッカは、歯磨きをはじめ、のどの薬、皮膚薬、ガムなどでおなじみですが、生葉は道端で簡単に見つけられる雑草です。目立たないので、よく気をつけて、葉のにおいをかいでみると特有のハッカ臭がします。

非常に繁殖力が強く、茎は四角形で直立し、枝が根元から四方にはって、たくさんの根毛を出して広がります。花は淡紫色で、小果実を結びます。

ほんの10㎝ほどの根のついた茎を挿し木しておけば、よく育ちますから、栽培をおすすめします。

わが家の庭にも、スペアミントと日本ハッカが広がっていますが、他の植木類の害虫を除き、蚊などが少ないのは、この強烈なにおいのおかげであろうと思っています。

8～10月ころの花のある時期、全草を刈り取って洗い、細かく切って乾燥して保存しておき、お茶などにします。薬酒にするには、3日くらい日干しにして刻んで使います。

作り方　材料は、ホワイトリカー1・8ℓに対して、全草200g、砂糖100g。日干ししたハッカを瓶に入れ、砂糖を加えてホワイトリカーを注ぎます。中身は10日で取り出し、3か月で澄んだ黄褐色に熟成します。

使い方　効用＝精神安定、不眠症、頭痛、胃痛、のどの痛み止め、かゆみ止め、殺菌。

［ハッカ酒］

花期に刈り取って洗い、
細かく切って干す

ハッカはシソ科の多年
草。高さ 20〜60 cm

美しい黄褐色のハッカ酒。芳香はメント
ールによるもので、消化機能を促進する

●いにしえの知恵を漬け込む　シソ酒

紫蘇＝シソ科シソ属／分布＝全国で野菜として栽培／利用・採取＝花を含む全草を8〜10月に採取（ウメ干し用には7月に採取）。

シソ科の植物には、薬草が多いようです。日当たりのよい草地の中でも目立たない地味な存在ですが、中身は魅力いっぱいなのです。

主なものには、キランソウ（咳止め）、ヒキオコシ（健胃）、カキドオシ（利尿）、ウツボグサ（消炎）、ジャコウソウ（解熱）、ハッカ（清涼）、メハジキ（利尿）、カミボウキ（ハーブスパイスのバジル）などがあります。

作り方　材料は、ホワイトリカー1・8ℓに対して、赤ジソの葉300gを半干し、砂糖は100g。天然のウメ干し4〜5個。シソの葉は、枝先に花穂を出した8〜10月ころ採取したものを使います。中身は10日で取り出します。6か月で熟成します。

使い方　効用＝風邪の解熱、咳止め、鎮痛、健胃整腸、抗菌、魚やカニの中毒時の解毒。

●ウメのクエン酸で発色する

シソは中国原産で、葉がウメ酢で発色するため、ウメ干しや漬け物の着色に使われるなど、古くから栽培されてきました。

現在、青ジソが付け合わせ野菜として大量に消費されているのは、栄養面が評価されているためです。シソにはビタミンA・B_1・B_2・C・Eのほか、カルシウム、鉄、カリウムなどが豊富に含まれています。

栄養成分と薬酒効果のかかわりは別として、とくに優れた栄養成分を持つ野菜には、パセリ、ツルナ、シュンギク、アシタバ、セリなどがあげられます。

シソ酒

シソの葉を半干しにする

茎とともに全体が紫色になる赤ジソ。独特の香気があり、料理の薬味としても活躍

●黄金のお花畑を瓶詰めに マリーゴールド酒

マリーゴールド＝キク科／分布＝全国で栽培／利用・採取＝花を7〜8月に採取。

●根は害虫予防に

最近、公園のガーデンや空き地、畑の休耕地などにマリーゴールドの黄金色の花が植えられるようになり、夏の太陽のもとでまばゆいばかりの美しさにうっとりすることがあります。

また、鉢植えにして数本並べ、花屋さんにも出回るようになりました。

マリーゴールドは、れっきとしたハーブであり、昔からその黄金色が珍重されて、サフランの代用ともされ、花を乾燥させて料理の着色料として、スープやシチューに使われてきました。また、ケーキやプディングに、バターの着色やリキュールにもします。生の花はサラダやてんぷらにもします。

昔から日本で栽培されているキンセンカは、ポットマリーゴールドと呼ばれる種類で、同じキク科のハーブにカモミールがあります。

神奈川県三浦半島のダイコン畑の休耕地にこのマリーゴールドが植えられているのは、根が害虫のセンチュウが嫌う物質を分泌するからだといいます。よいダイコンを収穫するための手助けをするわけです。

この黄色の色素は草木染めにも使います。

作り方　材料は、ホワイトリカー1・8ℓに対して、花200g、砂糖100g。中身は10日で取り出します。6か月熟成させると、澄んだ黄色の酒に仕上がります。

使い方　食用染料として各種の料理に。

効用＝精神安定、不眠症、皮膚の活性化。

［マリーゴールド酒］

200ｇの花を摘む
夏期の畑や公園を彩る
マリーゴールド
黄色のマリーゴールドの花酒。
風雅の極みを堪能する

●食欲をそそる風味を生かしてニンニク酒

大蒜《おおひる》・葫《こ》＝ユリ科ネギ属／分布＝全国で栽培／利用・採取＝根の鱗茎を通年。

●世界一の調味料

料理には芽や葉も利用されますが、鱗茎部は乾燥して通年利用できるので、利用度が高く、世界中のほとんどの料理に登場します。

主な薬効・効用は次のとおりです。

①殺菌作用。大腸菌など消化器官系内の細菌の増殖を抑え、便秘や下痢を改善する作用がある。消化器伝染病の予防に役立つ。寄生虫駆除。水虫に効く。

②心臓に作用してはく動を強め、皮膚血管を拡張して、保温効果がある。貧血にもよい。

③コレステロール値を正常化し、血管を柔軟にして血圧を下げ、動脈硬化を改善する。

④魚肉料理に入れると、毒を消し、味をよくする調味料として使われる。

⑤一般に強壮、強精、整腸、解毒作用、肝機能を整える効果がある。

数々の効用がありますが、非常に強力な作用があるので、大量に食べたり、飲んだりすると逆効果で、体を害することもあります。

牛乳、卵、肉類などのタンパク質食品やパセリ、ショウガ、コショウ、レモン、コーヒー、紅茶などでにおいを消すことができます。

作り方　材料は、ホワイトリカー1・8ℓに対して、鱗茎300g、砂糖100g。鱗茎は皮をむいて、蒸し器で5分ほど蒸し、においを消してから使います。3か月で料理に使えます。中身は取り出さず、1年以上熟成させます。おいしくても飲みすぎないように。

使い方　飲む量は1回50cc、朝夕2回。

ニンニク酒

いつでも店頭で求められる

強壮、強精、整腸などに効きめ抜群

◆コラム＝私の植物誌②
日常の植物観察から始めよう

わが家の10坪ほどの庭には、雑草と少々の雑木が立っているばかりですが、春先になるとヤブ状態になってしまいます。そこには、私の持ち込んだ薬草、野草、食草、香草、毒草など取り混ぜて50種くらい。なかには、枯れて二度と芽を吹かないものや、思いがけず2株にふえているものもあります。

この中にしゃがみ込んであたりを眺めていると、いままで歩いてきた山や海辺や野原の風景が頭の中によみがえり、どの植物がどこの里で育って、ここへ来たのかが思い出せます。私に連れてこられた草花は、けなげにも芽を出し、花を咲かせ、実を結んでくれます。なかには、何年もいて、数年かかってやっと花をつけるものもあり、ここに住むことにようやく納得したのか、とかわいそうに思うこともあります。

しかし、芽の出始めから花の咲き具合や種子のつき具合を知るには、身近において観察することがなによりも大切です。

植物図鑑で見る草花は、ほんの一瞬の姿しかとらえていません。花の咲き始めの写真しかのっていなければ、終わりの姿は想像するしかありません。実を結ぶ姿も葉の落ちたあとの姿もわからないのです。

また、写真に撮られた植物は、ほとんど花に焦点が合っているので、葉の細かい形やつき方などがまったくわかりません。だから、その写真だけを見て、花が散ってしまったあとの植物を判別することは難しくなります。

山菜採りに山へ入る人が、新芽を摘んでいるうちに毒草を摘んでしまうことはよくありますが、新芽の出始めは、どれも似ていて間違えやすいのです。こうしたときに、日常の植物観察が大きな役目を果たすのです。

3

採って愛でて讃えて

野生のエキスいっぱいの秘蔵果実酒

●

まずはストレートで試飲し、できばえを確かめる

●お花見やパーティーのお供に　アンズ酒

杏＝バラ科サクラ属／分布＝青森、長野の両県で栽培。各地で庭木／利用・採取＝熟した果実を6～7月に採取。

●さわやかな酸味が魅力

常日ごろ、漬ける素材に関心を持っていると、つい道端の樹木や塀の中の果樹に目がいってしまいます。

ここのお宅のウメの実はずいぶん大粒だなとか、カリンを植えた家の人は信州出身かな、などとかってに想像してしまいます。電車の窓から見えている色鮮やかなビワの実が、ある朝、突然なくなっています。ああ、カラスの仕業だな、とつい微笑んでしまいます。

6月のある日曜日、ご近所に住む友人の桜井先生が、庭で採ったアンズの実をカゴいっぱいに届けてくれました。アンズの庭木は、鎌倉でも珍しくなっているので、感謝感激。

果実は生で食べてもおいしいのですが、果実酒にすると澄んだ色が、これが本当のアンズ色だと、つくづくと眺めてしまいます。芳香とさわやかな酸味があり、この酒をお花見やパーティーにいそいそと持参するのです。

作り方　材料は、ホワイトリカー1・8ℓに対して、熟果でかたいものを1kg、砂糖は200g。果実は洗って水けを切って容器に入れ、砂糖を加えてホワイトリカーを注ぎます。漬け込んで6か月で熟成を始めますが、中身は1年間漬けおきます。1年たつと、まろやかな上質酒となります。

使い方　効用＝アンズの種子（杏仁《きょうにん》）は漢方では鎮咳去痰薬。果実酒は咳止め、痰きり、ゼンソク、滋養強壮、食欲増進、美容。

アンズ酒

落葉性の中高木。球形の果実を結ぶ

かたい熟果を洗い、水けをよく切る

庭の草花で作ったドリンク
イカリソウ酒

錨草＝メギ科イカリソウ属／分布＝全国の低い山地。庭に植栽／利用・採取＝全草を7〜9月に刈り取って半干し。

●ピカ一の草花酒

イカリソウは三枝九葉草ともいって、その葉に特徴があり、形がややゆがんだハート形をしています。葉は薄くてかたく、三出複葉になっています。4、5月ころ、船のイカリに似た淡紫色のきれいな花をつけますが、これが日本海沿岸地方では黄色の花になります。トキワイカリソウは白花が多いようです。

私はこの草を3種類植え、毎年花を見終わってから、9月ころに地上部を刈り取って酒に漬けます。

イカリソウはヒゲ根がかたまって株になっているので、翌年は横にはって広がり、株がふえていきます。

この草を漬けて作る酒が著名な強精強壮酒であることを知ったのは数年前のこと、岡山県の料理研究家の原章児さんのご教示からです。さっそく、わが家のイカリソウをお酒にして、飲んだときのうまさはいまでも忘れられません。上品な草の香りとさわやかな琥珀色の酒が、とても印象深かったのです。

作り方　草は地上部をきれいに採取し、水洗いしてから2日くらい日干しし、適当な大きさに切りそろえます。材料は、ホワイトリカー1・8ℓに対して、全草300g、砂糖200g。中身は1か月で取り出し、6か月は熟成させます。

使い方　効用＝古来から強精強壮の秘薬。筋骨を強化し、活力を作るといわれる。

［イカリソウ酒］

よく水洗いをして2
日ほど天日に干し、
適当な大きさに切り
そろえる
花が船のイカリに似てい
るところから、名がつい
たという
イカリソウ酒は、澄みきった琥珀色。
強精強壮の秘薬として名高い

渋い堅果なれどうまさは横綱　オオズミ酒

大酸実＝バラ科リンゴ属（別名＝ヤマリンゴ、オオウラジロノキ）／分布＝本州、四国、九州の山地／利用・採取＝落果した果実を9～10月に採取。

●決め手は酸味と渋み

中国山地のほぼ中央、鳥取、島根、岡山、広島の各県の県境が接する所に比婆《ひば》・道後・吾妻山などの名山があります。ここの山中にある国民休暇村に泊まったとき、近くに住む方にオオズミの実を漬けたお酒を飲ませていただいて感激しました。それ以来、毎年そこへ出かけるようになってしまいました。

木は15mはある大木で、谷の斜面に落ちた実を拾うしかありません。かじってみるとかたくて渋くて酸っぱく、不器量な2cmばかりの実で、少しばかり香りがします。

オオズミ酒のうまさは横綱級ですが、簡単には手に入らないので、手軽に同様な味わいが楽しめる素材をあげておきます。

ヒメリンゴ（鉢植え。果期は10月）、ミカイドウ（鉢植え。同11月）、紅玉リンゴ（栽培種。同10～3月）、ズミ（別名＝コリンゴ、ミツバカイドウ。庭木・野生。同10月）、サンザシ（庭木。同9月）。

作り方　材料は、ホワイトリカー1・8ℓに対して、果実600g、砂糖200g。野生のものは、落果したものや傷のあるものも使います。熟成途中で褐色に変わったもの、やわらかくなったものは取り出し、ほかはそのまま漬けておきます。1年で熟成します。

使い方　効用＝滋養強壮、疲労回復、健胃整腸、高血圧、消化不良、美容など。

［オオズミ酒］

ヒメリンゴ

オオズミ。高さ 15～20 m になる落葉性の高木

サンザシ

わずかに渋く、甘酸っぱいオオズミ酒。果実酒としてのランクは横綱級

●"長生きの薬"の面目躍如 オトギリソウ酒

弟切草＝オトギリソウ科オトギリソウ属／分布＝全国の高山から原野に自生／利用・採取＝全草を8～10月ころに採取。

●血止めの草がなぜうまい

オトギリソウは地域による変種がありますが、高さ20～50㎝、茎が細くて直立し、葉は長卵形で、先が丸く対生します。頂上に鮮黄色の花を数個つけるのが目印になります。利用は地上部だけにして、根は残します。

弟切草の名は、平安時代に創傷の秘薬であったことを他人にもらした弟を、兄が斬り殺したという逸話に基づくといわれています。

子どものころ、祖母はこの草の油漬けを手の傷に塗りながら話してくれました。血のイメージが刻まれたこの命名には、昔の人のこの草に対する強い注目の気持ちが込められていると思います。いつか、テレビで沖縄の百歳のお年寄りが、この草を採って歩きながら、長生きの薬だと話していましたが、細胞を若返らせるということでしょうか。

漢方では、止血、活血、調経、通乳、消炎、鎮痛の効ありといいますが、雑草扱いするにはもったいないほどの効用です。こんなすばらしい薬草が、さわやかな香りを持つ赤褐色のうまい酒になるのです。

作り方　材料は、ホワイトリカー1・8ℓに対して、全草を洗って日干し乾燥させたものを300g、砂糖200g。好みでレモン果汁を加えます。中身は1か月で取り出し、6か月で熟成させます。

使い方　効用＝生葉のしぼり汁は傷薬や湿布薬に。入浴剤としてリウマチや神経痛に。

［オトギリソウ酒］

全草を洗って1～2日干してから、細断する

高さ 30～50 cmの多年草。花期は7～9月、果期は8～10月

酸味としてレモンの果汁を加える。約6か月で熟成

古式ゆかしき盃を重ねる キク酒

菊＝キク科キク属／分布＝全国の山野に野生種が数多い。栽培種／利用・採取＝花びらのみ8～12月に。栽培種（食用菊）は通年。

●キク酒を飲む重陽の節供

キク科の植物は世界に1000属、2万種もあって、植物の中では最も進化した種類といわれています。キク酒には食用菊の花を使うと便利ですが、野生のヨメナやシオン、リュウノウギク、イソギクも使えます。

菊の花という言葉は「古今集」（905年）では盛んに歌に詠まれています。当時は「菊合わせ」といって、植栽の優劣を競ったようです。「大鏡」（1080年）には、「菊水の宴」「重陽《ちょうよう》の節供《せっく》」にキクの酒を飲むことがしばしば出てきますが、酒に花びらを浮かせて香りを楽しんだようです。

キクは800年代に中国から渡来し、以来千百余年の間、最も賞美されてきた花です。キクの酒を飲む習慣は、キクのしずくを飲むと、不老長寿がかなえられるという中国の故事に由来しています。菊水、菊の露、菊の盃、菊の下水などは、みな菊酒を意味し、人々は9月9日の重陽の節供に飲み合って祝います。

作り方　材料は、ホワイトリカー1・8ℓに対して、キクの花200g、砂糖100g、レモン果汁100cc。花は原則として洗わず、ホワイトリカーの中でよく揺すってやります。中身は10日で取り出します。酒はよく濾《こ》してから小口瓶に移し、密閉して6か月熟成させると、淡黄色の美しい酒ができ上がります。

使い方　効用＝強壮、健胃整腸、疲労回復、鎮痛、風邪、頭痛、食欲増進、美容。

食用ギクが求めやすいが、野ギクを利用してもよい

風流なキク酒。無病息災、不老長寿がかなえられるとの言い伝えがある

●門外不出の黄金色 クマザサ酒

隈笹＝イネ科ササ属／分布＝全国の山野に自生／利用・採取＝6～12月に青い葉を採取。

●酒は中国では竹葉、日本では笹

タケの種類は多く、丈の高い茎（稈）を持つマダケ、モウソウチクをタケと呼び、細い茎と比較的大きな葉を持つものをササと呼んで区別しています。

ササの中で、冬期に葉の縁が白く枯れて、「隈《くま》取り」したようになることからクマザサと総称しています。

京都周辺にはクマザサ、東北の山地にはチシマザサ、日本海側の深山にはチマキザサ、太平洋岸の山地にはミヤコザサなどがすみ分けています。

ササの葉は香りがよくてなめらかなうえに、優れた防腐効果を持ち、火にも強く繊維がしっかりしていて、昔から生鮮品を包んだり、チマキなどの蒸し物を作ったりして、日本の料理の中で大きな役割を果たしてきました。

中国では酒のことを竹葉《ちくよう》と呼び、日本酒をササという方もおられますが、昔から青竹の中に日本酒を詰めて、囲炉裏の火で燗《かん》をして飲む風習があり、竹の香りを酒に移して飲むことと関係があったのではと思います。

作り方　クマザサは緑色の新鮮な色よいものを選び、洗って1枚1枚ていねいに水けをふき取り刻みます。ホワイトリカー1・8ℓに対して、葉200g、砂糖100gを入れて密封し、そのまま1年かけて熟成させ金色の酒を作ります。

使い方　効用＝殺菌効果があり細菌性下痢など。精神安定、咳止め、解熱、鎮痛など。

［クマザサ酒］

鮮やかな緑色の葉を摘み、よく洗って水けを切る

太平洋側の山地に多いミヤコザサ

葉を入れたまま熟成させるクマザサ酒。いくぶん、ピリリとする金色秘蔵酒

●山小屋の炉端で味わう コケモモ酒

苔桃＝ツツジ科スノキ属／分布＝北半球北部、日本の高山、寒冷地／利用・採取＝赤く熟した球果を8～9月に。

●雪山賛歌で赤い酒

コケモモは高山の日当たりのよい砂れき地の林縁などに生えています。中部山岳では高度2000m前後の山の中でしか見つけることはできませんが、北海道の北部では平地で採取することができます。高さが5～15cmの低木で、光沢のある卵形の葉は常緑で、初夏に釣り鐘形のピンクを帯びた白い花をつけ、9月初めに赤い球果が熟します。

私には仲良しの山小屋の奥さんがいて、毎年その山に登るのを楽しみにしています。春の雪がとけて、山小屋に入るころは、私もなんだかそわそわしてきます。若い彼女は、いろいろと教えてねといってくれますが、私のほうこそといいたいくらいです。

山に出かけるときはなるべく、干し魚や自家製の燻製、それにおいしいパンを背負っていきます。秋の初めのわかれのとき、彼女は私のために1袋のコケモモを用意しておいてくれるのです。

コケモモの成熟期は短く、日を決めて同じ場所に行っても、もう落ちてしまったりして、なかなかうまくは採れません。

作り方　材料は、ホワイトリカー1・8ℓに対して、赤く熟した果実を300g、砂糖200g。6か月で中身を出し、小口瓶に移して密栓して熟成させます。

使い方　生食やジャム、果実酒。効用＝滋養強壮、疲労回復、保温、利尿、美容。

コケモモ酒

常緑性の低木。葉は卵形

8～9月、赤く熟した果実を採取する

●五味を備えた正統派 チョウセンゴミシ酒

朝鮮五味子＝モクレン科マツブサ属／分布＝北海道の平地、本州中部以北の高山に群生／利用・採取＝赤い房状の果実を9〜10月に。

●五つの味が醸し出す妙味

味には五味があるといわれます。甘・酸・鹹《かん》（塩）・辛・苦の味です。この五つの味を備えた木の実がチョウセンゴミシだといわれています。この果実の皮と肉は甘みと酸味、中核は辛みと苦み、全体に塩味があり、生で食べてもあまり感じませんが、果実酒にすると、まさしく美酒に仕上がります。

同じマツブサ属の仲間で、薬用としても代用されるものに、サネカズラ（ビナンカズラ）と呼ぶつる草があります。チョウセンゴミシがやや寒冷な山地に多いのに対して、サネカズラは関東以西の暖地でよく育ちます。「万葉集」に詠まれているのも、もっぱらサネカズラのほうです。

私が初めてチョウセンゴミシの実を採取したのは、群馬県の鹿沢温泉の近くでした。1995年の夏には、中央本線の小淵沢駅（長野県）近くの八百屋さんで売られていたので、大喜びで買ってきました。信州の高原地帯に多いと聞いていますが、買い求める方も多いそうでうれしくなります。

作り方　材料は、ホワイトリカー1・8ℓに対して、赤く熟した房状の果実を10〜15房（300g）、サネカズラでは25〜30個、砂糖200g。6か月で冴えた赤色の酒に熟成します。中身は1年後には取り出します。

使い方　効用＝滋養強壮、補精、補血、咳止め、消炎、鎮痛、美容。サネカズラも同じ。

［チョウセンゴミシ酒］

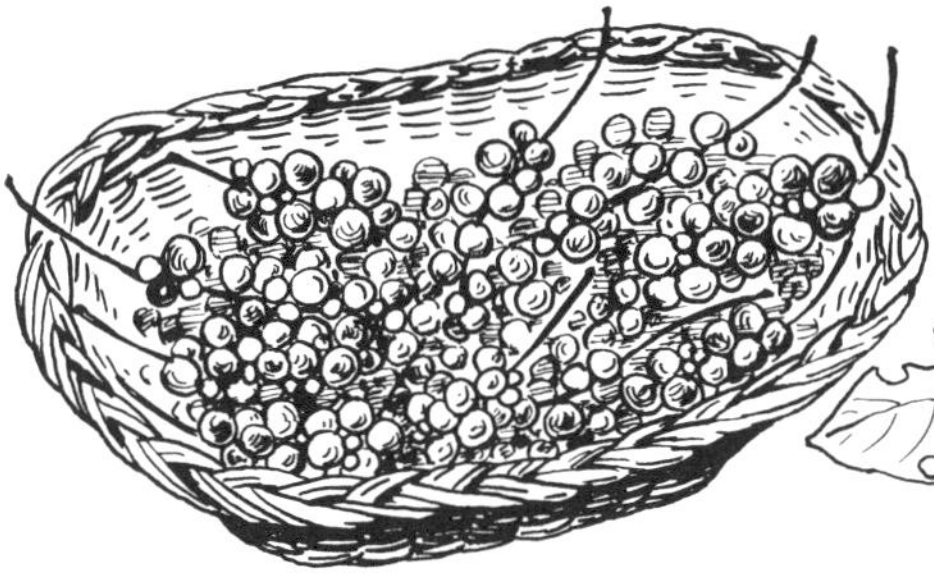

甘、酸、苦、辛、塩の五つの味の要素を備えている

つるの長さ 1～2.5 m のつる性小高木。花期は 5 ～ 6 月、果期は 8 ～10 月

果実を漬けたままにして約 6 か月で熟成。鮮紅色と酸味で自己主張

●ストレートにカクテルにナツメ酒

棗・夏芽＝クロウメモドキ科ナツメ属／分布＝薬木、庭木として植栽／利用・採取＝生果は赤褐色に熟す9〜10月、乾燥果は漢薬店で。

●昔懐かしい薬木

ナツメは古い時代に中国から渡来した薬木で、「万葉集」にも詠まれています。乾燥果は大棗《たいそう》という生薬で、漢方薬の配合剤として使われています。

茶の湯で抹茶を入れる漆塗りの器、茶入れのことを「おなつめ」といいますが、ナツメの実の形を模したところからそう呼ばれるのです。茶の湯の盛んな室町時代のころも、この木が親しまれていたのだと思います。

和名の夏芽は、芽吹きが遅くて、初夏になってから長卵形のなめらかな光沢のある葉を茂らせることからついた名です。葉の中に白黄色のナツメの実が重なっている姿は、まことに夏らしい清々しいものですが、最近はあまり見かけなくなりました。完熟すると、実は赤褐色に変わり、甘みも出てけっこうおいしい実になり食べられます。

ナツメの実は漢薬店でいつでも手に入りますから、そのほうをおすすめします。大変おいしい、くせのない酒でストレートでもカクテルでも、すべてに調和できる酒になります。

作り方　材料は、ホワイトリカー1・8ℓに対して、生果は600g、乾燥果は200g、砂糖は200g。生果は洗って2〜3日天日乾燥します。約6か月で熟成しますが、中身は1年過ぎてから取り出します。

使い方　効用＝滋養強壮、鎮静、不眠症、利尿、各種の神経の興奮を鎮める。

［ナツメ酒］
落葉性の中高木。長径 2～3 cm の楕円形の果実を結ぶ
果実の表面はつやがあり、初め緑色だが熟して赤褐色に

中身を入れたままにしておき、約6か月で熟成させるナツメ酒。適度な酸味と渋みがあり、口当たりがよい

●世界中で愛される ネズ酒

杜松＝ヒノキ科ビャクシン属／分布＝本州、四国、九州の丘陵地や花崗岩地に自生。植栽もされる／利用・採取＝果実を8～10月に。

●ジンの香りが魅力

西洋では、ネズの実をジュニパー・ベリーといって、料理の香辛料として使います。枝や葉も香りがよく、燻製を作るのにも使用し、古代にはこの葉をいぶして悪魔や病気を追い払ったという記録もあります。

洋酒のジンは、この実のリキュールです。1660年、オランダのシルビウス博士が、熱帯性の熱病に効くネズの実をアルコールにひたして薬酒を作り、解熱剤、利尿薬としたのが始まりで、のちに洋酒のジンとして世界中に広まりました。

ビャクシン属の仲間は、北半球北部に分布し、高山や海岸の荒れ地を好み、砂地や岩をはって生育します。ネズの仲間には、ビャクシン、イブキ、ハイネズ、ハイビャクシンなどがあり、これらの球果も利用できます。

「万葉集」には、ネズは室《むろ》の木の名前で登場します。大伴旅人が太宰府《だざいふ》から京へ帰任する途中、瀬戸内海で亡妻をしのんで詠んだ歌を紹介しておきましょう。

磯の上に　根延う室の木　見し人を
　いづらと問わば　語り告げんか

作り方　材料は、ホワイトリカー1・8ℓに対して、洗って水けを切った球果300g、砂糖100g。3か月で熟成しますので、このときに中身を取り出します。

使い方　球果は杜松実油としてジンやその他の香料に。効用＝発汗解熱、利尿。

［ネズ酒］

西洋では「ジュニパー・ベリー」と
呼び、香辛料として利用

常緑性の針葉小高木。花後、
7～8 mm の緑の球果を結
び、熟して黒紫色に

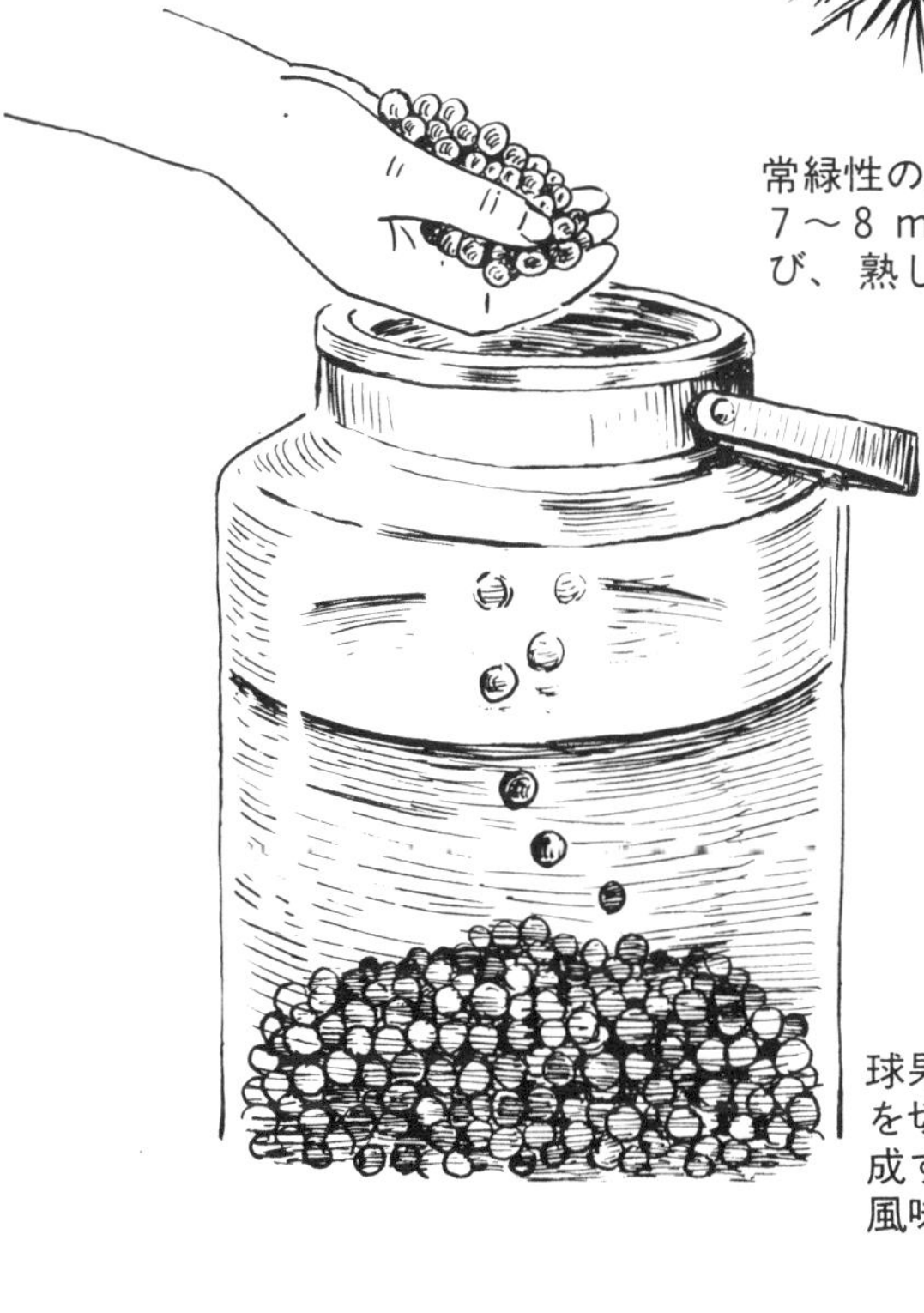

球果をよく洗って水け
を切る。約3か月で熟
成するネズ酒は、ジン
風味の仕上がりである

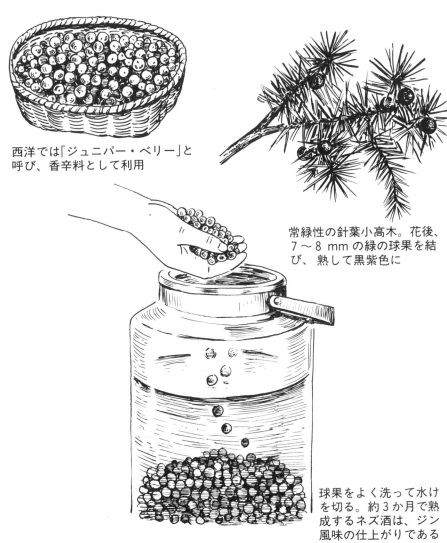

●酸味が疲労を回復する　ボケ酒

木瓜＝バラ科ボケ属／分布＝花木として庭に植栽。同属のクサボケは日当たりのよい山野に自生し、3㎝大の実をつける／利用・採取＝黄熟した10㎝大の果実を9〜10月に採取。

●端麗な女王の品格

ボケやクサボケ、カリンは同属で、果実酒には最も適した果実といえます。芳香のすばらしさといい、長く漬けて熟成させるホワイトリカー酒にはうってつけの素材です。たしかに地方都市では、どの家でも漬ける伝統のある果実酒の代表です。味についても、くせや薬味臭がなく、本当においしい酒として自他共に認められるものです。

ボケにはクエン酸、酒石酸、リンゴ酸を多量に含んでいて、それが浸出するので、大変上品な酸味を帯びたさらりとした吟醸風味の酒に仕上がります。

ボケは3〜4月ころ、葉に先がけて花を枝に密につけ、赤や白と美しく咲き分けるので、多くの愛好家を生み、園芸品種がたくさんあります。樹勢が強く、庭木のほか鉢植え、盆栽、公園樹など広く植えられています。これらもある程度古くなると、少しですが果実をつけるようになりますから利用できます。

作り方　材料は、ホワイトリカー1・8ℓに対して、ボケの実1㎏（2〜3個）、砂糖200g。ボケは一口大にカットして漬けます。クサボケ（シドミ）は小さいのでそのまま使います（600g）。中身は1年漬けおきますが、6か月から飲めます。

使い方　効用＝疲労回復、滋養強壮、暑気あたり。

ボケ酒

落葉性の小高木。５弁花を開く

楕円形の果実。黄熟して香りがある

●花も実も小粒で愛らしいクコ酒

枸杞＝ナス科クコ属／分布＝全国の丘陵、低地、海岸／利用・採取＝茎葉は春〜秋、赤熟した果実は11〜12月に採取。乾燥枸杞子《くこし》は薬店で。

●眼によい薬草

クコは、春の若葉を天精草、夏の淡紫色の花を長生草、秋の赤い実を枸杞子、冬の根を地骨皮《じこっぴ》と呼ばれる漢方の生薬です。

日当たりのよい土手や荒れ地、海岸に自生する落葉低木で、春にやわらかい枝先を摘んで、おひたしやてんぷらにする山菜でもあります。

秋の実はつややかな真紅の小ホオズキに似て甘みがあります。

繁殖力が強く、道端や線路のわきにも大きな茂みを作っていますが、あまりにも身近な植物なので、かえって見落とすことも多いようです。

秋にはクコのほか、いろいろな木の実や草の実が赤く熟します。なかには有毒なヒヨドリジョウゴやマユミ、食用に適さないモチノキの実、フユサンゴなども目につきます。

赤い小さな実を採るときは、十分に注意してください。

作り方　材料は、ホワイトリカー1・8ℓに対して、生の実500g（乾燥品は200g）、砂糖200g。中身は3か月で取り出します。1年おくと赤褐色の美酒に仕上がります。

使い方　茎葉は料理、煎薬、茶、果実は薬膳料理、酒。効用＝強壮、強精、高血圧・糖尿病などの成人病、視力強化、眼精疲労。

4

心身ともに健やかに

体に優しい香り豊かな ヘルシー薬酒

●

薬酒３種（左からビャクシン、シソ、マツ葉の各酒）

●南島の香りを楽しむ　アシタバ酒

明日葉＝セリ科シシウド属／分布＝房総〜紀伊半島の海岸、伊豆諸島、小笠原諸島／利用・採取＝花、種子をつけた成葉全草を5〜10月に採取。若葉は食用。

●島の郷土食に人気の野菜

セリ科の仲間には薬草が多く、三島柴胡《みしまさいこ》（解毒、抗菌）、茴香《ういきょう》（健胃、香料）、川芎《せんきゅう》（補血、鎮痛）、当帰《とうき》（婦人病）、防風《ぼうふう》（解熱、感冒）などは漢方薬として知られています。

また、アシタバやアマニュウ、シシウド、ハマウドなどの仲間は、西洋でも抗菌、健胃、血管強化などによいと評価されています。

セリ科の三大薬草として、福島以北にアマニュウ、関東南部〜紀伊半島までにアシタバ、沖縄にかけてボタンボウフウが分布しています。アシタバやボタンボウフウは伊豆諸島から沖縄までの島々の郷土食でもおなじみです。

手近なセリ科の野菜には、セリ、ミツバ、パセリなどがあります。いずれもセリ科独特の香りが特徴です。アシタバはセリとミツバを合わせたような、少し強いにおいがします。

セリ科の薬草や野菜は、すべて薬酒にして楽しむことができます。

作り方　材料は、ホワイトリカー1・8ℓに対して、アシタバの全草300g、砂糖100g、レモン果汁100cc。アシタバの茎葉、種子、花などは、洗って2〜3日干してから適当に刻んで漬け込みます。中身は1か月したら全部取り出して濾します。約6か月で熟成します。

使い方　効用＝高血圧症、血管強化、二日酔い、健胃整腸、不眠症。

アシタバ酒

薬草としても人気が高い

花や種子をつけた成葉を採取

〝医者いらず〟の美味酒 アロエ酒

コダチアロエ・蘆薈《ろかい》＝ユリ科アロエ属／分布＝温室栽培。露地は関東南部以西／利用・採取＝生葉を通年。

●外用・内服・観賞に適した万能型

アロエはアフリカ原産で、エジプト時代から薬草として使われていました。日本で盛んに栽培されるようになったのは、大正時代にコダチアロエという寒さに強く栽培の容易な品種が現れてからです。

それでも霜に弱く、雪にあえば枯死するので、温室栽培が多くなっています。関東では夏はベランダなどで過ごせますが、冬場は室内に取り込むようにします。

露地植えのものは、霜よけをすれば越冬できます。生命力は強く、根元から出るわき芽を折って挿し芽すれば、簡単にふやせます。

アロエの茎が木質化し、1m以上に叢生《そうせい》すると、冬期に橙色の鐘形花を穂状につけます。

葉は肉質で、苦みのある液体とゼラチン状の物質からなり、なまぐさみがあります。

葉をすりおろせば、服用したり、外用として患部に塗ったりすることができます。アロエ酒にすれば、さわやかな苦みのあるおいしい淡黄色の食前酒に変身します。

作り方　材料は、ホワイトリカー1・8ℓに対して、生葉1kg。葉は側面のトゲを切り取り、斜め切りにします。砂糖は入れずに作ると、外用と飲用を兼ねることができます。中身は1か月で取り出し、1年は熟成させます。

使い方　1か月で化粧水に使えるようになります。効用＝外用でやけど、日やけ、刺し傷、肌荒れ。内服で整腸、便秘、咳止めなど。

［アロエ酒］

常緑性の多年草
で多肉植物の仲
間。葉の縁に鋭
いトゲがある
葉のトゲを切り取って洗い、水
けを切ってから斜め切りにする

アロエ酒は、中身を約１か月で取り出すのが
ポイント。意外にまろやかで飲みやすい

●冬期の艶姿にホレボレ キンカン酒

金柑＝ミカン科キンカン属／分布＝関東以西の暖地で庭木に。ミカンの栽培地で栽培／利用・採取＝果実を12～2月に採取。

●栄養価の高い冬の果物

キンカンは常緑の低木で、艶のある葉と金色の実が特徴です。冬中、芳香のある実をたくさんつける様は、冬枯れの庭園に華やかな印象を与えてくれます。

栄養面では、糖質やカルシウム、カリウム、ビタミンCが多く含まれています。

そのうえ、皮を賞味するミカンとしての特色もあります。

砂糖煮やシロップ漬けにしておくと便利ですが、風邪をひきやすい冬期の酒党のためには、キンカン酒をおすすめします。

ここで、砂糖煮の作り方を紹介しておきましょう。料理の付け合わせやお茶請けのほか、咳止めにも役立ちます。キンカンは樹上でよく熟したものを使いますが、店で買ったものは日に当てておきます。

包丁で縦に8本の切れ目を入れ、重量の6割の砂糖をまぶしてしんなりさせます。上から頭を指で押しつけると種子が出てくるので、取り除きます。無水のまま照りが出るまで煮て、瓶に入れて保存します。

作り方　材料は、ホワイトリカー1・8ℓに対して、よく熟した実を600g、砂糖200g。実に竹串で穴をあけるか、切れ目をいれておくと、早めに浸出します。中身は2か月で取り出し、6か月は熟成させます。

使い方　効用＝風邪、咳止め、滋養強壮、疲労回復、健胃整腸、食欲不振など。

［キンカン酒］

キンカンの砂糖煮。料理の付け合わせ、お茶請けなどに喜ばれる

常緑性の低木。庭先果樹として関東以西で広く栽培される

芳香と酸味、苦みのあるキンカン酒。疲労回復や風邪のときの咳止めなどに効果大である

●恋心をしっとり染めるクチナシ酒

梔子＝アカネ科クチナシ属／分布＝静岡以西の暖地に自生。庭木として植栽／利用・採取＝花は6〜7月に、果実は11月に採取。

●黄橙色の花酒

クチナシは古くから薬効のある食用染料として使われ、正月のお節料理の栗きんとんやたくあんの着色にはこの実が用いられ、くちなしご飯にすることもあります。衣服の染料としても明治時代まで重用されてきました。

飛鳥、奈良時代にはすでに栽培園があり、山城、大和、河内、遠江、信濃の各国から朝廷に献上されたという記録が「延喜式」（967年）にのっています。

また、「古今集」（905年）には、次のような歌がのせられていて、その染色方法が広く知られていたことがわかります。

耳なしの　山のくちなし　えてしがな
　思いの色の　下染めにせむ

（耳なし山のクチナシを手に入れたいものだ。クチナシの黄色を下染めにして、上に藍をかければ緑色になる。蘇芳《すおう》をかければ橙色になる。染め重ねて恋の黄色を隠しておこう）

作り方　材料は、ホワイトリカー1・8ℓに対して、花300g（果実は250g）、砂糖200g。花は開花の順に摘み入れ、色が変わったら取り出し、10日くらいで全部引き上げます。果実は洗って、2〜3日乾燥させてから漬け、3か月で取り出します。6か月で熟成し、黄橙色の酒になります。

使い方　花は花酒、香料、果実は乾燥して薬用や染料に。効用＝不眠症、精神安定、血圧降下、止血、打ち身・ねんざの消炎など。

［クチナシ酒］

果実は 10〜11 月に赤橙色に熟す。
染料や薬用にも利用する

高さ 1 〜 3 m の常緑性の小高木。
白色の 6 弁花を咲かす

クチナシの花は香りの高い咲きたてを選ぶ。
果実は 2 〜 3 日、乾燥させてから利用ずる

○"山帰来"の心意気 サルトリイバラ酒

猿捕茨＝ユリ科シオデ属／分布＝全国の山野／利用・採取＝赤い果実を10〜11月に採取。

●思い出がよみがえるサンキラ

春先のある日、ヤブの中にいた祖母に「何してるの」と尋ねると、「サンキラを摘んでいるんだよ」という声。その日の夕方のお膳には、新芽の煮びたしがのっていました。

サンキラとは、山帰来《さんきらい》という生薬名（正しくは土茯苓《どぶくりょう》）からきた名で、一般にはこちらのほうが、なじみ深かったのかもしれません。

母はつやつやした浅緑色の丸い葉で包んだ蒸し饅頭をよく作ってくれました。これは子どものころの私の好物でした。

愛知県の一宮市に住む義妹から、名物の和菓子「さんきら餅」をいただいたことがあります。桐の箱のフタを開けると、まぎれもなく「サンキラ」の葉に包まれた麩《ふ》饅頭が並んでいて感激した思い出があります。

漢方ではこの根を干した生薬を梅毒治療に使ってきました。梅毒は抗生物質が使われる以前は治りにくい伝染病であったため、患者を山中に置き去りにしたといいます。山に捨てられた人が、この根を食べて回復し、山から帰ってきたという逸話から生まれた名前です。最後まであきらめない心意気が伝わってくるような名前でとても気に入っています。

作り方 材料は、ホワイトリカー1・8ℓに対して、果実300g、砂糖200g。中身は1年後の熟成時まで漬けおきます。

使い方 新芽は山菜、円形の葉は餅を包んで蒸す。根は漢方薬、果実は酒。効用＝関節痛、解毒、利尿、鎮痛、浄血、活血。

［サルトリイバラ酒］

茎には丸くてかたいトゲが、葉柄には２本の巻きひげがある

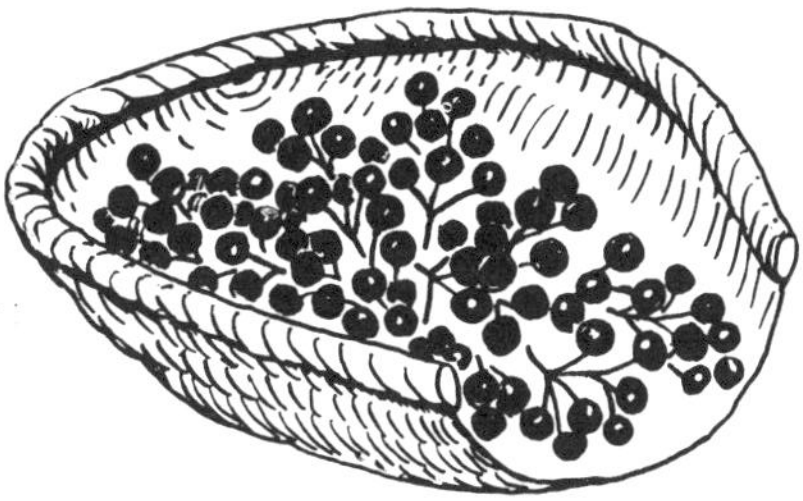

赤熟した果実を洗い、よく水を切ってから利用する

「山帰来」の本領を発揮するサルトリイバラ酒。いくぶん渋みのある美味

●十種の薬に値する効能 ドクダミ酒

毒痛み・重薬＝ドクダミ科ドクダミ属／分布＝東アジア一帯の湿けのある平地、山野に群生／利用・採取＝全草は7～8月の花期に、生葉は3～10月に採取。

●酒、茶、料理に使える万能選手

ドクダミは十薬の異名があり、10種の薬に相当する薬効があるといわれる薬草で、繁殖力が旺盛なので、厄介な雑草でもあります。

ドクダミの葉には、魚のくさみを消し、肉をやわらかくする効果があります。私の著作、『どくだみ料理』（ブティック社）では、ジュースの作り方や料理方法を数多く紹介しています。厄介な雑草だとは思わず、料理や民間薬として使ってみてください。

生葉をもんで患部に貼るか、しぼり汁を塗ると外用薬として使うことができます。水虫、やけど、切り傷、湿疹、痔のほか、鼻炎や中耳炎には葉を丸めて差し込んでおきます。

夏の花期に全草を採って風乾した乾燥葉は、煎薬として用いることができます。解毒、解熱、利尿、整腸、化膿症、神経痛、蓄膿症などによいといわれています。酒や茶として常用すれば、便秘、高血圧、体質改善、美容に効果があります。

作り方　材料は、ホワイトリカー1・8ℓに対して、全草600g。全草は半干しして漬け込み、10日で取り出します。飲用と外用薬・化粧水に分けて作るとよく、漬け込むときに飲用には砂糖100gとレモン果汁100ccを、外用には無糖で重曹1%を加えます。

使い方　全草を風乾して煎薬や茶、生葉のしぼり汁は外用に。効用＝本文参照。

ドクダミ酒

茎上に白い苞葉と花穂を開く

繁殖力が旺盛。民間薬としても定評がある

●外用薬としておすすめ ヘビイチゴ酒

蛇苺＝バラ科ヘビイチゴ属／分布＝全国の湿った草地、山の林縁に自生／利用・採取＝熟果は5～6月に、全草は春～夏に採取。

●こだわりの健康酒

内服・外用兼用薬として、先にアロエとドクダミをあげましたが、主として外用にヘビイチゴを紹介します。

民間で健康ブームが起こり、いろいろと情報があふれ、いささか混乱の気味があります。こういうときは、手近にあって利用しやすいもの1種を選んで、根気強く1年、2年と実行する頑固さが必要ではないでしょうか。

アロエ、クコ、ドクダミ、ヘビイチゴなどは、そうしたこだわりがいのある植物です。

私自身も熱心なヘビイチゴファンです。

ヘビイチゴ酒には、鎮痛とかゆみ止めの効用があります。いずれも速効性があるので、小瓶に分けて身近に備え、すぐに塗ります。

のどの痛みや咳には水で割ってうがいをします。歯痛には脱脂綿にひたしてかんでいます。肩こりや関節痛には痛い部分にすり込みます。ハチやムカデに刺されたとき、切り傷、打撲、やけど、トゲを刺したときも痛みが治まり、蚊や虫刺されのかゆみ止めとしても有効で、塗るとすぐにかゆみが治まります。

ほかに、消炎、解毒、解熱、化膿症に効くので、このような症状に試してみてください。

作り方　材料は、ホワイトリカー1・8ℓに対して、熟果は500gで無糖。3か月で熟成しますが、中身は1年漬けおきます。

使い方　全草は乾燥して煎薬や茶に。ヘビイチゴ酒は飲用してもさしつかえありません。

［ヘビイチゴ酒］

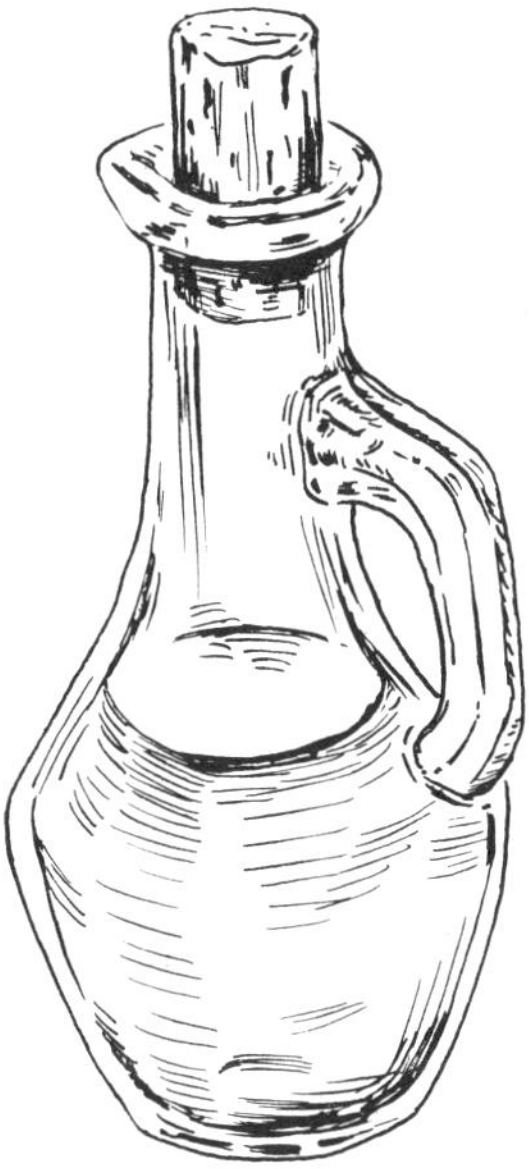

切り傷、虫刺されのときなどに外用薬として重宝

野原に自生するヘビイチゴ。
5～6月、実が熟す

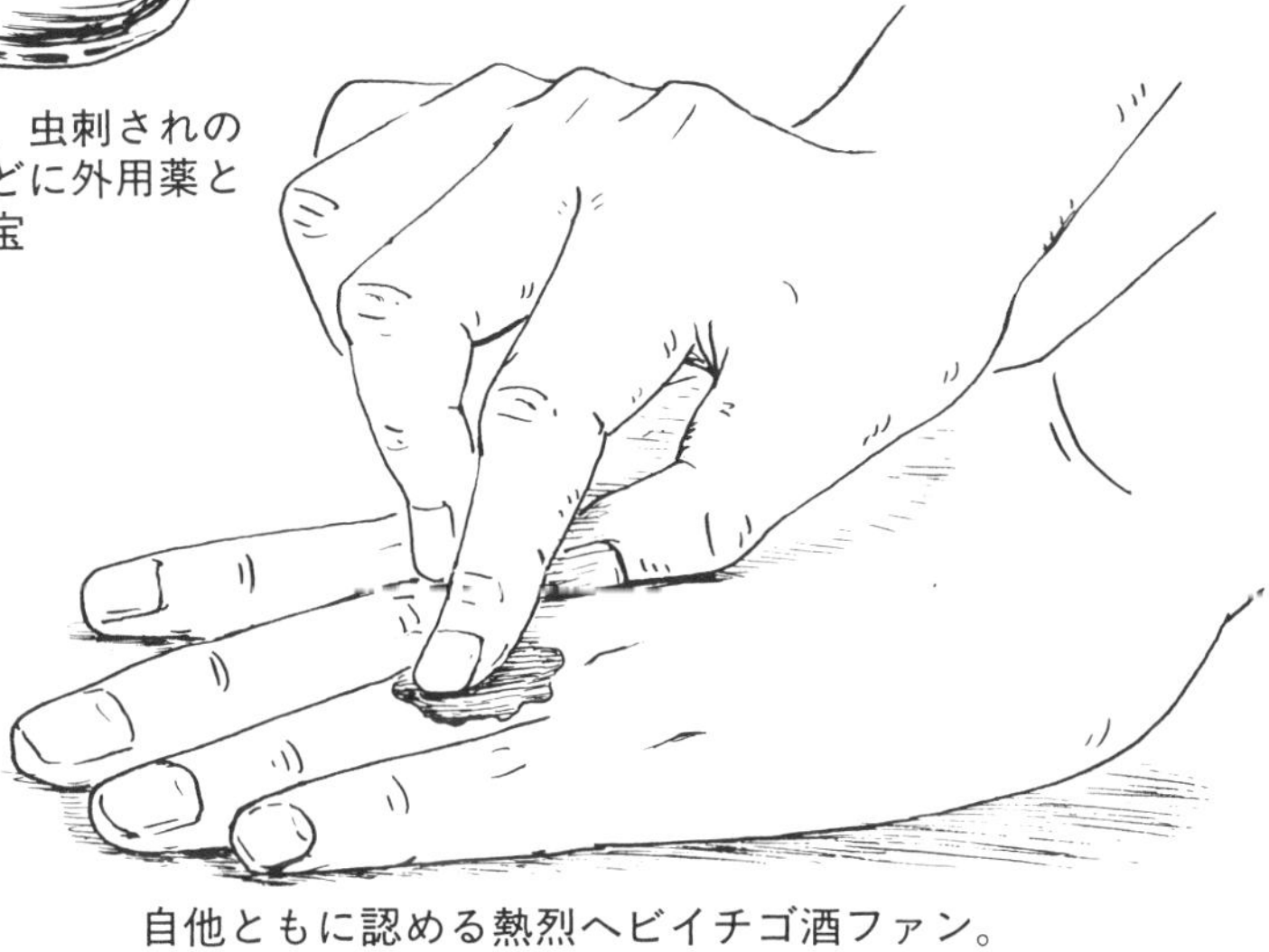

自他ともに認める熱烈ヘビイチゴ酒ファン。
まさに、備えあれば憂いなし

月山小屋主人が託す夢の銘品

ウワミズザクラ酒

上溝桜＝バラ科サクラ属／分布＝全国の山地／利用・採取＝蕾を4～5月に、赤熟した果実を8～10月に採取。

●幻の花と実

私に酒づくりの面白さを教えてくださり、身の周囲に100種余りもの果実酒、薬酒を蓄えることのきっかけになった「先達《せんだつ》」について、話しておきましょう。

先達の　鈴音に似たり　イワカガミ
月山《がっさん》の　星を語るや　くすり酒

私の骨折れ俳句ですが、10年ほど前の7月、山形県の月山を訪れました。白衣の先達（羽黒山の山案内人）の腰に下がった鈴の音に励まされて、一面に咲き競うイワカガミの中を登って行きました。ときどき雪渓を横切り、やがてミヤマウスユキソウの中に建っている月山頂上小屋にたどりつきました。

小屋のご主人は、月山の精進料理、ネマガリタケやユキザサ、ギョウジャニンニク、ウゴアザミなどをてんぷらにし、1杯のウワミズザクラ酒を添えて歓迎してくれました。

ご主人とはそれ以来のおつきあいです。私が野草料理を作り、果実酒を醸し、植物と親しむ生活を楽しんでこれたのも、小屋のご主人芳賀竹志氏のおかげなのです。

作り方　ホワイトリカー1・8ℓに対して、4月ころに摘んだウワミズザクラの花穂を200gほど入れ、砂糖を200g加えます。8月に赤熟した300gの果実を花穂と取り替えて漬けると、4か月後には芳香酒に仕上がります。

使い方　効用＝強精強壮、疲労回復、咳止め。

［ウワミズザクラ酒］

落葉性の高木。花後、６～７ mm の球形の果実を結ぶ
果実は黄色から紅色となり、やがて黒色に熟す
若もぎの紅色の果実と黒色の果実を半分ずつ入れたウワミズザクラ酒。まさに、珠玉の果実酒！

●自然の息吹が香る　マツ葉酒

赤松・黒松＝マツ科マツ属／分布＝アカマツは寒冷な山野、クロマツは暖地の海岸に自生。ほかに植栽／利用・採取＝若葉を通年。

●松の緑ぞ芽出たけれ

年の暮れには、わが家でも門松を立てます。2本の若松を買ってくると、ウチの〝おじさん〟が門にハーケンを打ち込んでとめてくれます。これに輪飾りを吊し、紅白の水引などを結んでお正月を迎えます。

正月7日の夕方、松飾りを取ると、このマツは新聞紙の上で葉をむしり取られ、マツ葉酒に漬けられるというわけです。

私たちが次にマツ林に出かけるのは、9月の初め、キノコを探しに行くときです。そんなとき、マツ葉酒を水筒に詰めて行くこともあります。このお酒を飲むと、残暑の中を歩いてもバテないからです。

マツ林を歩くと足腰が鍛えられるだけでなく、マツの特別な樹脂香が気管支を蘇生させ、痰をきり、風邪や咳を止め、肺機能を高めます。また、血行を促進させ、皮膚の刺激作用があるため、痛風や関節痛、神経痛などの塗り薬にし、痛みを鎮める作用があります。

昔から民間薬として不老長寿の薬とされています。私もあやかりたいものです。

作り方　材料は、ホワイトリカー1・8ℓに対して、若マツ葉400g、砂糖は少量で50gほど。3か月で中身を取り出し、1年以上かけて熟成させます。

使い方　生葉をかめば声がれが治る。効用＝血行循環機能を高め、傷をいやす働き、精神安定、不眠症など万病によい。

マツ葉酒

若マツ葉を用意する

マツの生葉や樹脂香には、多くの効用がある

◆コラム＝私の植物誌③
金網を張った崖で植物観察

私の住む鎌倉には、谷戸《やと》といって、小丘陵に指のまたのような小谷が奥へ奥へと続いています。このような日当たりの悪い谷の側面にも、くっつくように家が建っています。

うっそうと茂っていた斜面の木を伐り、土砂崩れを防ぐために崖の斜面に金網を張ります。そのうち面倒なのか、コンクリートを流し込んだだけのものが現れ、無粋な風景を作り出している所もあります。

大きな樹木を伐って、金網を張った斜面は、初めのうちは見るも無残な光景ですが、あたりがすっかり明るくなって、かえって気持ちがよいものです。

次の年の春から夏にかけて、斜面には美しい草花が競って咲くようになります。どこから駆けつけてきたのかと思われるほどたくさんのホタルブクロが、ありったけの鐘形の花をぶら下げています。あちこちに散らばって、するりと丈を伸ばしたヤマユリの花も見えます。低いところではタチツボスミレが群れを作り、クサノオウは黄金色に輝いています。

さて次の年……。そろそろ小木が現れ始めます。マルバウツギが真っ白な花をつけています。ナンテンハギやウドの木も育っています。ウドの新芽に手を伸ばしますが、金網に邪魔されて採ることができません。

さらに次の次の年になると、斜面は2m大のススキの株に占領されてしまいます。小さな草花はだんだん見えなくなり、代わりにカジイチゴやウルシ、アカメガシワ、クサギが目立つようになります。こうして、元のシイやタブ林の風景に戻っていくのです。

この金網の斜面は私のひそかな植物園で、植物遷移の移り変わりを見ながら、多くのことをここで学んできました。

5

逸材を熟成に託して

果実酒薬酒の作り方・楽しみ方のコツ

●

居間の床下に果実酒の一部を収納

●果実酒薬酒を作る基本手順

①漬け込む素材

素材は果実、木の実、野草、その他の草根、木皮、漢方薬の乾燥品、香料、香草などを、自ら採取するか、市販品を購入します。素材の質が酒のできを左右します。

野生の植物を採取するときは、根こそぎ抜いてしまうようなことはせず、間引いて採るか、根を残すなどの配慮が必要です。

②漬け込み容器

５００cc〜３・６ℓ程度の容量の透明な広口ガラス瓶は、果実酒用に市販されています。洗って、日光消毒して、乾燥させておきます。別に保存用に７２０ccのウイスキーの空き瓶をたくさん用意しておくと、保存に便利なばかりでなく、細口で酸化を防ぎ、飲むとき卓上にそのまま出せます。

③添加物（砂糖、酸類）

好みにより氷砂糖、グラニュー糖、黒糖、蜂蜜などを適宜使用します。酸類はレモン果汁やリンゴ酸などの果実酢を用意します。

④原酒（35度のホワイトリカー）

ホワイトリカー以外に乙類の焼酎、ジン、ウイスキー、ブランデー、ウオッカなどを使う方法もあります。ただし、素材の味を生かすには、無味・無臭のホワイトリカーをおすすめします。

⑤素材の下ごしらえ

素材に応じた適切な処理が必要で、素材以外の水分はできるだけ取り除きます。

⑥漬け込み

下ごしらえした素材を容器に入れ、砂糖と酸類を加え、ホワイトリカーを注ぎます。フタはしっかりしめてください。

⑦ラベルの貼りつけ

素材の種類、採取地、漬け込み日、分量などを記入したラベルを容器に貼ります。

⑧素材の取り出し

ほとんどの素材は、熟成の途中で取り出します。中身の酸化を防ぎ、純粋な素材の味が熟成するように努めます。

⑨小口瓶に移し替え

素材を取り出したあとは、小口瓶（ウイスキーの瓶など）に移し替え、密栓して保存します。このとき、4枚重ねのガーゼで酒を濾し、ゴミなどを取り除いておきます。

果実酒薬酒いろいろ

⑩熟成までの保管

素材から浸出したエキスと原酒が完全に混成した状態を熟成といいますが、酒は生き物であるため熟成は進行します。

本文中の熟成期間は、酒としてのうまみが出始めた時期を表しています。このため、実際の飲みごろはもう少しあとになります。また、数年間保存することで、うまみが増幅する種類もあります。

保管するときは直射日光を避け、寒暖差の少ない冷暗所で、温度を5～20℃に保ちます。

●注　意

中身の素材を取り出さずに漬けおくと、酒に濁りや変色、変味が出て、やがて酸化してしまいます。保管中の手入れや観察を怠らず、おいしい酒を作ってください。

●漬け込む素材の利用について

●素材の善し悪しが決め手

漬け込む素材はいくらでもあります。

①果物、②種子、③花、④全草（草花の地上部）、⑤薬草、⑥香草、⑦植物の根茎、⑧樹皮、果皮、⑨それらの乾燥品、⑩植物以外の動物、鉱物、キノコ類、などです。

一つの植物体で、花も実、葉、樹皮、根も利用できるものもありますが、この本では基本的に1種類の説明にとどめました。

素材については、果実酒づくりの本命ともいえます。この材料の善し悪しが、酒のうまさに大きな影響を与えます。おいしいワインがその年のブドウのできに左右されることや、熟成期間の長さが問題になるウイスキーの世界と同じ理屈です。

食べておいしい果実が、うまい酒になるとは限りません。苦みや酸味の強い木の実でも、くさい野草であっても、おいしい酒になることが酒づくりの面白さでもあります。

総じて、果実のたぐいは野生種に近いものほど、うまい酒になる性質があり、芳香のよいものを選ぶことも、一つの要件です。

初めのうちは、果実店の果物を利用していても、しだいに庭や畑の果樹に目をやり、自然の山野に出て採取したり、野原で野草を見つけてきたりするなど、素材を見つける目を養ってほしいと思います。

●素材の上手な使い方

・果実……リンゴやカリンなど大形の果実は皮つきのまま適宜に切って漬けます。ウメ、ビワ、ハマナスはそのまま、サクラ、ヤマグワ、ハマゴウ、ハイネズのような小果はガーゼに包んでおくと取り出しやすくなります。

果実は一般に完熟すると糖度が増し、果肉が軟化し、芳香を発するようになります。

酒づくりには、芳香があり糖度が高いものが望ましいのですが、果肉が軟化すると、酒の中でくずれやすくなります。くずれると濁りが出てくるので、ややかためのものを利用します。糖度のほかに酸味も必要になるので、やや酸味が残る未熟果を加えるか、レモン果汁などを添加します。果実の種子の成分を浸出させるために、果肉だけを取り除き、種子を漬け戻すこともあります。

やわらかい肉質のイチゴ

・**花**……香りのよい花を漬ける場合、ふつうは開花直前か直後のものを採取して、順次漬け込んでいきます。花は花びらのみ利用するか、萼《がく》のみ取り除きます。原則として水洗いはしません。

花は引き上げ時が肝心で、10～15日以内に全部取り出して、酒は濾してから小口瓶に移して密栓します。

・**全草**……薬草や香草は、その植物が最も成熟したときに採取します。花が咲き、実を結び始めたころが最盛期で、成分も強くなっています。

洗ってから、2～3日、日干しして乾燥させ、手ごろな大きさにカットします。

・**根・樹皮・種子**……全草と同様に洗って乾燥させるか、漢薬店で販売されている乾燥品を利用します。

●原酒&素材の分量と添加物について

●素材の種類によって分量を決める

本書では原酒のホワイトリカー1・8ℓに対して素材や添加物の分量を決めています。

素材の分量の目安として、果実では1kgが基本です。カリン、リンゴなどでは、2~3個を細分して1kg分、ウメ、アンズなどはそのまま1kg分を漬け込みます。

野生の木の実で、キンカンやハマナス大のものは、500~600gで十分です。もう少し小さいサクラやネズ、コケモモなどはカップ3杯ほどで、両手を合わせてすくい取るとほぼ同量になります。

草類は生のままで300~500gを漬けます。ホウレンソウ1束分の量で、片手でつかみ取れる分量と思ってください。

花は花粉を大切にします。分量は浸出のしやすさなどによって変わってきますので、一様ではありません。目安としては、容器の5~7割ほどです。

●添加物の分量はお好みで

添加する糖分や酸味も果実酒を熟成させるための重要な役割を担っています。

本書では、主に味の面にウエイトをおき、酒の甘みと酸味の調和を考えて、それぞれの分量を決めてあります。

味の好みはさまざまですから、でき上がった酒が物足りなければ、ジュース甘味やスライスレモンを補ってみるのも一方法です。

糖分の種類は、一般に純度の高い氷砂糖かグラニュー糖が適しています。健康や好みを考えて、果糖や黒糖、蜂蜜などを使ってもよいでしょう。

●漬け込み容器と保管のコツ

●密閉できる広口瓶を使う

漬け込みに使う容器は、広口瓶でフタがきちんとしまるものであれば、何を使ってもかまいません。ただし、中の状態が確認しやすい透明なガラス製のものを選びます。

素材を取り出したあとは、密栓できる小口瓶に移します。出し入れするときや試し飲みのときには、ウイスキーの空き瓶を使うと、卓上にも出せるので便利です。

漬け込みが終わったら、広口瓶の見やすい場所にラベルを貼っておきます。

ラベルには、①素材の名称、②採取日、③採取場所、④漬け込み日、⑤添加物の分量、⑥素材取り出し予定日、⑦熟成予定日、などを記入しておきます。こうしておくと、でき上がった酒のでき具合を確認するときに役立ちます。また、翌年の予定を立てる目安にもなります。

できれば、ラベルと同じ内容をノートやカードに書いて整理しておくと、のちのちの参考になります。

●上手な保管の仕方

容器は直射日光が当たらなく、温度変化が少なく、振動などの影響を受けない場所で保管します。実際には、台所の床下や物置、押入などがよいでしょう。

温度が低すぎると、熟成が止まるなどの障害が出ますので、冷蔵庫での保管は禁物です。

熟成の促進のために天地返しをしたり、試飲したりすることも必要で、熟成の度合いが色と味でわかるようになれば、新しい素材に挑戦するときの参考になります。

●素材の漬けおき期間と熟成の目安

●漬けおき期間は厳守する

ホワイトリカーなど、35度のアルコールに素材を漬けると、まず腐敗することはありません。このことは、昔から民間でいろいろと利用されてきたことです。

ただし、澄みきった色や味を大切にする混成酒を作る場合は、植物に含まれる水分が出たり、果肉がくずれ、濁りや変色、変味が出て、最後には酸化が進行します。

素材のエキスが出きったあとの「出がらし」をそのままにしておくと、せっかくの酒の持ち味が損なわれてしまいます。

そのためにも、漬けおき期間を守り、素材を早めに取り出しておく作業が必要になるのです。

一番早く傷むのは花びらです。次に葉や茎、水分の多い果実の順に傷んでいきます。

薬酒として使うときは、漬けおく期間を長めにとる方もおられますが、私はおすすめできません。

●熟成の目安

熟成とは、前述したように、あくまでも素材から浸出したエキスと原酒とが完全に混成した状態で、酒としてのうまみが出始めた時期ということです。実際には、これ以後も熟成は続いていくのです。

したがって、まだ飲める状態になったわけではありません。飲めるようになるのは、実はもっとあとになります。

本当の飲みごろは、表示してある熟成の時期の約1・5倍と考えていただいたほうがよいでしょう。

●果実酒薬酒の利用法いろいろ

●手作りの酒を飲む楽しみ

ウメ酒を作る方はたくさんいます。それが多種類の果実酒や薬酒を作ることにまで及んでくると、なぜ作るのかということから考えなければなりません。

おいしい酒を手作りすることにより、作る楽しみ、飲む楽しみ、人に飲んでもらうことの喜びなどが味わえます。さらに、周囲の人を楽しくする演出、料理づくりのくふうなどで楽しむことができます。

さらに一歩踏み込み、素材選びや採取、薬草や香草の知識、果樹を選別する目、健康や薬効に対する知識と応用などを趣味の領域にまで広げれば、楽しみは倍加します。

果実酒・薬酒づくりは、楽しく忙しく体を使って健康に生きている皆様向けの、まさに「遊び尽くし」なのです。

●上手な飲み方のポイント

適量の酒を飲むことで、気分を快活にし、血行をよくし、体を温めてくれます。さらに、神経を鎮め、緊張をほぐし、疲労を回復してくれます。それぞれの酒には、さまざまな薬効成分が含まれ、驚異的な効果を発揮することもあります。それらを適切に利用して、家族の健康に役立たせてほしいものです。

そのヒントとして、私が試みているいくつかのことをあげておきます。

①高度のアルコール飲料

果実酒・薬酒は高度のアルコール飲料です。そのことを忘れないようにして、飲むときは、果汁類、炭酸、牛乳を加え、あるいは水割りにします。

②料理や菓子づくりに活用

家族の健康のために、料理に利用したいものです。煮物料理、煮込み料理、魚料理にたっぷりと使うと、くさみを消し、重厚な味わいになります。とくに、ウメ、パイナップル、ニンニク、ドクダミ、キンカン、クコ、スイカズラは、料理向きです。

また、オランダイチゴ、コーヒー、サクラ、ビワ、ヤマグワ、アンズは洋菓子づくりに使ってください。ケーキやレアチーズの中に少量落とすと大人の風味になります。

家庭の台所には、料理専用の果実酒を常備しておくと、すぐに使えて便利です。

③薬酒としての活用

漢方の薬酒に限らず、民間伝承の薬として知られたものが多く、意外な効果を発揮するものがあります。この本で紹介したすべての酒に、滋養強壮、疲労回復、食欲増進、安眠などの効果があります。

外用薬として使えるものには、アルコールが本来持っている殺菌作用のほかに、傷をいやし、痛みをやわらげ、かゆみを止めるなどの効用があります。これらは即効性で、すぐに痛みやかゆみを止めることができます。

外用薬として酒を使うには、漬け込むときに糖分を入れずにおきます。砂糖を入れた飲む分とは、別に用意しておくとよいでしょう。

④食前酒・食後酒として楽しむ

食前酒としては、アンズ、ウメ、イカリソウ、キク、ボケ、クマザサ、コケモモ、ビワのように、香りがよく、酸味があり、さらりとしたものが好適です。さらに、サクラ、ヤマグワ、コケモモ、ナナカマド、ブルーベリーのように色の美しいものを選べば、食卓も華やかになります。

食後酒には、コーヒー、パセリ、ハッカ、アロエ、アシタバのような、苦みのあるもの、甘みがあって濃密な味わいのあるもの、消化を助けるものなどを選びます。

⑤鎮静作用と興奮作用

果実酒・薬酒には、鎮静作用があるものと興奮作用があるものとがあります。前者は夜、寝る前に、後者は朝に飲んだり、力仕事をしたりするときに飲むようにします。

⑥素材の浸出具合に合わせた飲み方

果実酒・薬酒は素材の浸出によって、独自の発色をし、最終的には、黄色か褐色の2色に落ち着きます。美しい色のある間に食前酒としてテーブルに飾るのも一方法です。

カリン酒

⑦古酒の芳醇さを楽しむ

果実酒・薬酒は、1年以上保存すると、大部分の種類は透明な琥珀色系の濃淡に落ち着きます。このほうがうまい味わいを発揮して、美酒、秘酒と呼ばれる吟醸タイプになります。とくに3～5年の古酒は、もとの素材を感じさせない芳醇な酒に仕上がります。

⑧熟成を早めるには

本書で紹介した果実酒・薬酒には、素材の味を生かすために、原酒としてホワイトリカーを使っています。ただし、ホワイトリカーを使うと、ほかのアルコール飲料よりも熟成が少し遅くなります。これは、ホワイトリカーがただのアルコール水であって、アルコール飲料ではないことが原因です。

もし、薬草などの混成酒を早く飲みたいときは、焼酎やウイスキー、ジン、ウオッカなどの中に漬けることをおすすめします。

●果実酒薬酒の作り方早見表

植物名	生育地	利用部位	採取期	分量	糖分	添加物	漬けおき時期	熟成	色調	主な利用法	
アケビ	山野	果実・皮	9月	1kg	100g		3か月	6か月	琥珀色	食間酒	●
アシタバ	暖地の海岸	全草	5～10月	300g	100g	酸味	1か月	6か月	淡黄色	薬酒	●
アンズ	植栽	果実	6～7月	1kg	200g		1年	6か月	橙色	食前酒	○
イカリソウ	山野	全草	7～9月	300g	200g		1か月	6か月	琥珀色	食間酒	○
イチジク	庭木	花のう	10月	500g	50g	酸味	3か月	6か月	黄濁色	食前酒	●
ウメ	植栽	果実	5～6月	1kg	300g		6か月	1年	淡琥珀	食前酒	○
ウワミズザクラ	山地	花／果実	4～5月／8～10月	200g／300g	200g		1年	8か月	赤色	食前酒	○
オオズミ	山地	果実	9～10月	600g	200g		1年	1年	淡黄色	食間酒	○
オトギリソウ	山野	全草	8～10月	300g	200g		1か月	6か月	赤褐色	薬酒	○
オランダイチゴ	栽培	果実	通年	600g	200g		15日	3か月	赤色	料理	○
カリン	植栽	果実	9～11月	1kg	200g		1年	1年	赤橙色	食間酒	●
キウィフルーツ	栽培	果実	通年	1kg	100g		3か月	3か月	淡緑色	食後酒	○

●果実酒薬酒の作り方早見表

キク	栽培	花びら	8〜12月	200g	100g	酸味	10日	6か月	淡黄色	食前酒	○
キンカン	植栽	果実	12〜2月	600g	200g		2か月	6か月	黄金色	食後酒	○
キンモクセイ	庭木	花	10月	150g	100g		10日	6か月	金茶色	食前酒	●
クコ	原野	果実	11〜12月	500g	200g		3か月	1年	赤褐色	薬酒	○
クチナシ	植栽	花	6〜7月	300g	200g		10日	6か月	黄橙色	料理	●
		果実	11月	250g	200g		3か月				
クマザサ	山野	葉	6〜12月	200g	100g		1年	1年	金色	食前酒	●
コーヒー	熱帯植物	焙煎豆	―	200g	50g		10日	3か月	黄褐色	食後酒	○
コケモモ	高山	果実	8〜9月	300g	200g		6か月	6か月	赤色	食前酒	○
コダチアロエ	暖地	葉	通年	1kg	無糖		1か月	1年	淡黄色	薬酒	●
サクラ	植栽	果実	5月	300g	200g	酸味	1か月	6か月	暗赤色	料理	●
ザクロ	庭木	果実・皮	10月	1kg	200g		1か月（実は残す）	6か月	赤色	食前酒	○
サルトリイバラ	山野	果実	10〜11月	300g	200g		1年	1年	淡黄色	薬酒	●
シイタケ	栽培	子実体	通年	50g	50g		1年	1年	琥珀色	食間酒	●
シソ	栽培	全草	8〜10月	300g	100g	酸味	10日	6か月	紫褐色	料理	●
スイカズラ	山野	花	5〜6月	300g	200g		10日	6か月	淡黄色	薬酒	●

植物名	生育地	利用部位	採取期	分量	糖分	添加物	漬けおき時期	熟成	色調	主な利用法	
セロリ	栽培	全草	通年	乾燥300g	50g	酸味	10日	3か月	淡黄色	薬酒	●
タムシバ	庭木	蕾	4～5月	300g	200g		10日	6か月	淡琥珀	食前酒	●
タンポポ	山野	全草	3～10月	300g	100g	酸味	10日	3か月	黄褐色	食後酒	○
チョウセンゴミシ	寒地	果実	9～10月	300g	200g		1年	6か月	赤色	食間酒	○
ドクダミ	山野	全草	7～8月	600g	100g	酸味	10日	6か月	淡黄色	薬酒	●
ナツミカン	庭木	果実・皮	4～6月	1kg	300g		1か月	3か月	黄色	食間酒	○
ナツメ	庭木	果実	9～10月	生600g / 乾燥200g	200g / 200g		1年	6か月	赤褐色	食間酒	●
ナナカマド	植栽	果実	9～11月	400g	200g		1年	6か月	赤橙色	食後酒	○
ニンニク	栽培	鱗茎	通年	300g	100g		1年	1年	淡黄色	料理	○
ネズ	丘陵	果実	8～10月	300g	100g		3か月	3か月	赤褐色	食間酒	○
パイナップル	亜熱帯	果実	通年	1kg	100g		3か月	3か月	淡黄色	食後酒	○
パセリ	栽培	全草	通年	200g	50g	酸味	10日	3か月	淡黄色	料理	○
ハッカ	栽培	全草	8～10月	200g	100g		10日	3か月	黄褐色	料理	●
パッションフルーツ	植栽	果実	8～9月	500g	200g		1か月	6か月	黄褐色	食前酒	○

●果実酒薬酒の作り方早見表

ハマゴウ	海浜	果実	8〜10月	400g	100g		3か月	6か月	黄褐色	薬酒	●
ハマナス	植栽	果実	8〜10月	500g	200g		6か月	6か月	赤橙色	食間酒	●
ビワ	暖地	果実	7月	1kg	200g		2か月（種子は残す）	6か月	橙色	食前酒	○
フサスグリ	栽培	果実	6〜7月	500g	200g		3か月	6か月	赤色	薬酒	●
ブルーベリー	栽培	果実	7〜8月	400g	200g		6か月	6か月	赤紫色	料理	○
ヘビイチゴ	山野	果肉	5〜6月	500g	無糖		1年	3か月	黄褐色	外用薬	●
ボケ	庭木	果実	9〜10月	1kg	200g		1年	6か月	黄色	食前酒	●
マタタビ	山地	果実	8〜9月	500g	100g		1年	6か月	黄褐色	薬酒	○
マツ	庭木	若葉	通年	400g	50g		3か月	1年	黄白色	薬酒	●
マリーゴールド	栽培	花	7〜8月	200g	100g		10日	6か月	黄色	料理	●
モミジイチゴ	山野	果実	6月	400g	200g	酸味	15日	3か月	黄赤色	料理	○
ヤマグワ	植栽	果実	5〜7月	600g	200g	酸味	1か月	3か月	赤色	料理	●
ヤマモモ	暖地	果実	7月	600g	200g		1か月	6か月	とび色	食後酒	●
リンゴ	果樹	果実・皮	通年	1kg	200g	酸味	15日	3か月	淡黄色	食間酒	○
レイシ	市場	果実・皮	6〜8月	1kg	200g	酸味	1か月	3か月	金茶色	食前酒	○

注：熟成とは、熟成の始まりの時期で、実際の飲みごろはこの数字の約1・5倍と考えてください。利用項目の●は鎮静作用、○は興奮作用のあるものです。

●

ウメ酒は、果実酒の女王

素材別 五十音順 さくいん

ア

カ

サ

タ

カリンも果実酒の逸材に

ウメ酒は手づくり果実酒の代表

●

デザイン———ビレッジ・ハウス
撮影協力———三宅　岳
宇井眞紀子
大東照男　ほか
組版協力———天龍社

●大和富美子（やまと ふみこ）
高知県生まれ。日本大学文学部卒業。出版社勤務後、山菜・薬草・木の実など自然の食材について研究を続ける。野草料理講習会、燻製教室の講師を務め、１年のうち100日は野山や海辺のフィールドで過ごす。果実酒薬酒については、四季折々の素材を漬け込み、100種以上を楽しんでいる。
主な著書や執筆書に『自分で作る燻製入門』（徳間書店)、『薬草健康料理』『どくだみ健康料理』『美味で健康梅肉料理』『手作りジャム』（以上、ブティック社)、『飲む健康』（パッチワーク社）など。

とっておき手《て》づくり果実酒《かじつしゅ》

2019年５月13日　第１刷発行

著　　者——大和《やまと》富美子《ふみこ》

発 行 者——相場博也
発 行 所——株式会社 創森社
〒162-0805 東京都新宿区矢来町96-4
TEL 03-5228-2270　FAX 03-5228-2410
http://www.soshinsha-pub.com
振替00160-7-770406

印刷製本——中央精版印刷株式会社

 ISBN978-4-88340-334-9 C0077